教育実習の日本的構造

東アジア諸地域との比較から

岩田康之 編

金慜雅
早坂めぐみ
大和真希子
山口晶子

学文社

まえがき

　本書は，日本の大学における教育実習のありようについて，ここしばらく比較研究も含めて模索してきた過程をまとめたものである。

　昭和の学生時代からずっと，私自身の研究関心は日本の教員養成に関わるシステムやカリキュラムの解明を核にしてきており，教育実習を基軸にすえた研究に取り組んできたわけではなかった。教育学研究者としてのディシプリンは主に東京大学大学院教育学研究科の日本教育史の研究室で身につけており，比較研究の手法からも遠い育ちである。そうした出自の私が，日本の教員養成，なかでも教育実習について比較研究の手法を取り入れて構造的な解明を行うに至った背景には，いくつかの巡り合わせが作用している。

　ひとつは，日本国外，特に東アジア諸地域との研究的なつながりが深まり，その中で私がコーディネータ的な役割を担うようになったことである。私が創設以来関わってきた日本教師教育学会は，中国の高等師範教育研究会（のち中国教育学会師範教育分会）との共催による国際シンポジウムをたびたび行っていたが，同学会の第5期（2002年～2005年）の事務局長を私が務めたことから，第6回シンポジウム（2003年予定がSARS禍で1年延期）を香港で開催する際の日本側の窓口役となったことが端緒である。そこで東アジアで教員養成に関わる大学人たちとのつながりが生じ，その後，東京学芸大学を基軸として教育系大学の連合体（東アジア教員養成国際コンソーシアム，2009年～）を立ち上げたことでさらにコネクションが強まり，国際シンポジウムなどの折に東アジア諸地域の教育系学生たちと接する機会も増えた。

　そんな中で異国の若者たちが教師として育つプロセスとしての教育実習に関心をもち，2つの科研費（「「東アジア」的教師像と教員養成実践・政策に関する基礎的調査研究」（2011～13年度基盤研究C・23531047）および「「開放制」原則下の実践的教師教育プログラムの運営とその効果に関する比較調査研究」（2014～17年度基

盤研究 C・26381015))を得て，あちこちの教育実習に関する基礎資料の収集や，実習生の意識に関する予備調査（インタビュー）を始めた。

　ところが，その過程で，実習生たちがなかなか本音を語ってくれないという現実に直面することとなった。どうも「東京から偉い先生が来た」と身構えられてしまったようなのである。そこで助力を仰いだのが，本書の共著者となる若い研究仲間たちである。かれらは私の研究関心に興味を示してくれ，上海でも香港でもソウルでも実習生たちの志向や葛藤をすくい取り，実習生たちに近い目線でそれらデータの読み取りをし，日本の教育実習に関わるデータと引き比べて解析してくれた。そのおかげで，研究的な奥行きと「当事者目線」が加わり，私自身もますますこの研究が楽しくなった。なまじ研究の蓄積があるがゆえに新鮮な視点や視角を得にくい初老の身には，これも嬉しい巡り合わせであった。

　本書の随所で触れられるように，東アジア諸地域の教育実習と引き比べて検討することは，日本で教員養成に関わるわれわれが教育実習に感じている疑問の多くを相対化する視点を与えてくれる。ただ，そこから先，課題の構造的解明やソリューションの模索となると，分野的にも手法的にも私の専門から少し外れることもあってか，容易になしえないのが実情であった。その意味で「教育実習の日本的構造」の解明として足りない点は多いと自覚しており，建設的な批判は甘んじて受けたい。編者としては本書でカバーできなかったところを補う形で今後の研究が進み，これからの日本の教育実習が，有望で有能な若者たちを教職に惹きつけ，希望をもって教職に向かってもらう触媒としてうまく機能していってほしい，と切に願っている。

　なお，本書の刊行に際しては，日本学術振興会より 2020 年度研究成果公開促進費 (学術図書，課題番号 20HP5204) の出版助成を受けている。

　2020 年 12 月 28 日　仕事納めの留学生センター長室にて

編者　岩田　康之

目　次

序章
日本の教育実習，何が問題か⁽¹⁾

第1節　キム・ヨナのニュースから

　教育実習の「日本的構造」を国際比較で検討してみよう，という本書のもとになる発想は，フィギュアスケート選手として有名なキム・ヨナ（金妍児）が，高麗大学校の体育教育学専攻の学生として，ソウル市内のチンソン（眞善）女子高等学校で教育実習を行ったという隣国のニュース（2012年5月）から生まれている。報じられた彼女は，以前の長髪をボブスタイルに刈り込み，黒のパンツに白のシャツ，耳にはピアス，という出で立ちで実習を行っていた。そのピアスが可愛いと話題になり，製造元の宝石会社は，「あのキム・ヨナが教育実習で着けていたピアス！」と大々的に宣伝を打ったのである。

　日本においては，ピアスなどのアクセサリーを着用して教育実習に臨むのは，基本的に御法度というのが常識的な理解である。当然，日本で教員養成に携わる大学教員の多くは，実習に際してアクセサリー等の着用を控え，服装に関しても派手さ・華美さを避けたデザインのスーツの着用を奨めるべく事前指導を行う。そうした日本の教員養成の現場にあって，このような教育実習に伴う窮屈さに違和感を覚えつつ学生指導をしてきていた身にとっては，隣国の教育実習とのギャップは新鮮に映った。

　折しも筆者の勤務する東京学芸大学が東アジアの教育系大学のネットワーク作り（東アジア教員養成国際コンソーシアム）を手がけ，筆者がその一環の国際共同研究⁽²⁾の仕切り役を務めていたこともあって，東アジア諸地域の教員養成関係者の豊富な知己を得ていた。そこで科研費を得て，日本を含む東アジア各地域の教育実習の運営体制や，各地域の実習生の意識のありようなどについて，比較調査を試みることとした。

以下本章では，主にこの一連の調査研究で判明したことを適宜参照しつつ，日本の教育実習の構造的な問題を素描してみたい。

第2節　「スーツ着用」にみる忖度の構図

　日本の教育実習においては，実習のメインコンテンツとしての教科内容の知識や教育方法，さらには学級経営・生徒指導等と並んで，あるいはそれ以上に，実習生の身だしなみや立ち居振る舞いに関わる指導が丁寧に行われるのが常である。しかしながら，それらは必ずしも明示されているわけではなく，実習校それぞれの方針を，実習生や大学側が忖度しつつ対応する構図が定着している。このことを，「スーツ着用」の問題を例に考えてみたい。

　第4章で詳述するように，われわれが2014年度に日本の実習生に行ったインタビュー調査[3]の中でも，この点についての質問を行っている。回答としては，インタビュイーの全員が実習校から身だしなみに関する指導を受けており，この学生たちの通う3つの大学ではそれぞれ事前指導で「スーツ着用」を指導していた。ただし，細かなところの指示は実習校によって異なっている。学生のうち3人は同じ大学に在籍し，ほぼ同じ時期にそれぞれ別の公立小学校で実習を行っているが，うち1名の実習校だけは管理職がクールビズを禁じ，6月の実習期間中（通勤時も含め）にジャケット着用を指示している（他の2人の実習校ではジャケット不要）。

　この延長線上に，2015年度においては，日本国内で小学校・中学校の教員免許状に関わる課程認定を得ている国公私立大学を対象に「教育実習の運営指導体制」に関する質問紙調査[4]を行っている（結果と分析については第3章参照）。その中でも身だしなみに関わる指導について尋ねているが，317件の回答のうち，身だしなみに関する大学側の指導の具体的記述があったのは209件（65.9％）であったが，そのうち「スーツ着用」と明示しているとしたものは88件にとどまり，「実習生としてふさわしい身なり」「良識ある態度」等の抽象的・概括

的な指示(75件)と拮抗している。

　以上をまとめるなら，実習校側には明示的なルールはないものの，実際には実習校で「ふさわしい身なり」として「スーツ着用」が求められることが多い（スーツ以外の服装で実習に臨んだ場合に実習校で咎められる可能性が高い）という実情を踏まえて，大学側が事前指導を，多くは口頭で行っていることの表れとみられる。

　つまり実習生の服装について，(1)明示された統一的なルールは必ずしも存在せず，(2)実習校の方針を忖度する形で大学の事前指導がなされ，(3)細かなところについては実習生が実習校の指示を仰ぎながらそれに従う，という構図が定着しているのである。

　一方，われわれが試みた東アジア諸地域での参与観察[5]（香港，ソウル，台中，北京，上海，長春）においては，スーツ着用の実習生は皆無で，学生たちはキャンパス内で授業を受けるのと同じような服装で実習に臨んでいた。なかにはたとえば「ショーツやサンダルはダメと言われた」（台中）や，「男子学生の長髪は禁止」（上海）のような，具体的な指示がなされているケースは部分的にあるものの，総じて言えば日本における実習指導よりも身だしなみに関する指導はずっと緩い。

　実習指導を担当する教員たち（大学・実習校）においても，基本的には学生の自主性に任せておいて問題はない，とする見方が大半である。むしろ，実習のメインコンテンツは授業や学級経営・生徒指導であり，服装などはさほど重要ではない，という考え方が基本にあるとうかがわれるのである。

　なお，東南アジアにおいては，実習生の服装に関する状況は日本以外の東アジア諸地域とは若干異なる面もある。たとえばタイにおいては大学の学部生には基本的に制服着用が義務となっており，当然のことながら教育実習に赴く教育学部生たちも大学指定の制服（エンブレムの入ったブラウスやネクタイ等）を着用して臨む。またシンガポールにおいては，教員養成が国立教育学院（National Institute of Education＝NIE）一校による計画養成のみで行われており，NIEの

学生たちは国家公務員身分をもつ。それゆえ NIE の実習生には国家公務員と同じドレスコードが求められることになる。

　ただし，これら両国においては，実習生の着用すべき服装が明確に規定されており，日本のような「忖度」の構図からはやはり遠いのである。

第3節　海外調査から見えたこと

　海外調査においては，それぞれの地域における教育実習の指導体制についての資料収集も行い，分析を手がけてきた。これらについては第2章で詳述するが，教育実習の「外側」とでも言うべき組織や体制の在り方に関して見えてきた興味深いポイントをいくつか挙げておく。

　韓国[6]においては，教員養成プログラムに入る学生の量的な絞り込みが顕著である。小学校の教員養成プログラムは，全国10の教育大学校（国立）および済州大学校教育大学，他には梨花女子大学校（私立）および韓国教員大学校（国立。小・中双方の教員養成を行う）の計13校にしか設けられていない，いわゆる閉鎖制を採っており，政府によって年間の免許状取得者総数は3,000人台に抑えられている。中学校・高等学校の教員養成プログラムについては，目的養成機関としての師範大学のほか，一般大学の教育学科や教職課程など多様な形態で提供されているが，履修者の総数は政策的に抑制されている（一般大学の教職課程の場合，学生定員の1割程度）。こうした背景もあって，教育大学校の入試難易度やステイタスは概して高く，また一般大学の教職課程にも学内の優秀でかつ教職意識の高い学生のみが集まる構造になっている。それゆえ，日本における実習生を見慣れたわれわれが韓国の実習生を見ると，立ち居振る舞いは堂々としており，子どもたちの前で一種のオーラを帯びているように受け取れる。当然，実習校や周囲からの信頼も厚い。

　中国（本土）および香港においては，小学校においても教科担任制が採られていることに合わせて，実習の指導単位も教科ごとの教育組織で行われるスタイ

ルが基本になる。当該教科を専攻する学生と，大学で当該の教科教育を指導する教員と，大学と連携する実習校の当該教科の教員たちとの三者のつながりの中で実習が行われるために，当該教科の内容の理解や，授業の展開などの比重が高まり，実習生の立ち居振る舞いや身だしなみに関する指導は後景に退く。また，この両地域においては，大学における教員養成プログラムの総数を，政府（中華人民共和国教育部および香港特別行政区教育局）がそれぞれ定め，その枠の中で，各大学が入札によって配分を決めるというシステムが採られている。それゆえ制度的には日本同様の開放制に近いものの，その「開放」の実際の度合いは日本に比べて低い[7]。

　台湾で特徴的なのは，実習校がそれぞれに実習生を公募し，学生がそれぞれ応募して実習校での選考を経て実習に臨むシステムを採っていることである。学生たちは，「自宅に近いから」「母校だから」「大学の先生に勧められたから」「自分の研究関心に関わる実践で特徴があるから」等々，さまざまな理由で実習校を選ぶ。当然，その過程で実習生たちは実習校の特徴について予備知識を得るので，いわゆるミスマッチがないのである。

　こうした，日本以外の東アジア諸地域における教育実習の実態と，その背景を知るにつけ，日本の実習生たちを取り巻く状況が相当に特異であるとも思えるようになってくる。

第4節　「開放制」と日本の教育実習生の「萎縮」

　日本の場合，「開放制」原則の基で，高度経済成長期以降に高等教育が量的に拡大し，多くの大学が特に中学校・高等学校の教員養成プログラムを提供する中で，教員免許取得者の量的過剰≒教育実習生の量的過剰が恒常的に生じ，いわゆる「教育実習公害」が叫ばれてきた。

　小学校教員養成の分野においては「教員養成を主たる目的とする学科等でなければ認定を受けることができない」（教職課程認定基準6(2)）とされ，この「教

員養成を主たる目的とする」教育組織に関しては1980年代以降永らく新増設の抑制がなされてきた[8]こともあって，教育実習生の量的過剰の問題は比較的小さかった。しかしながら，2005年度からこの抑制策が撤廃されたことを契機として新規参入する一般大学が激増し，さらに供給が増えた。

こうした量的な拡大に対して，政府による統一的なコントロールは，日本の場合採られてはいない。近年の教員養成政策で，教員養成教育の質保証の観点から課程認定行政の運用が厳格化される傾向にあるものの，量的な制限を伴うものではなく，第1章でも見るように，主に教員養成プログラムを提供する大学の側に対する外側からの要請（あるいは統制）として作用している側面が強い。

たとえば日本の場合，実習校の確保については，各大学の責任において行うのが原則とされているが，中央教育審議会答申「今後の教員養成・免許制度の在り方について」（2006年7月）の中で「いわゆる母校実習については……できるだけ避ける方向で，見直しを行うことが適当である」とされ，以後の課程認定行政の中で母校実習への依存を改善することが求められるようになっている。こうした動きを受けて，各大学はそれぞれの地域の教育委員会の助けを借りて公立校での実習を行うことになるが，特に大都市圏においては，教員養成プログラムを提供する大学の数も実習生も多いために，教育委員会がこの調整を行う際の困難も多くならざるを得ない。

いきおい，実習校の確保について各大学は教育委員会に調整を「お願いする」という力関係が定着し，実習校に対して礼を失することのないよう実習生を指導するという構図になる。実習生の側から見れば，実習校がどこになるかは配当が決まるまでわからない。そして上述の力関係の基では，配当された学校の指導方針に異を唱えることはまずできない（付言すれば，都道府県や政令指定都市の教育委員会は教員の人事権を持っているがゆえに，採用を望む実習生たちはさらに防衛的な対応を余儀なくされる）。

かくして立ち居振る舞いや身だしなみについての忖度の構図が生じ，「働き過ぎ」が問題となっている学校現場で「熱心な指導」を受ける中でハードワー

クの再生産構造[9]に日本の実習生は否応なく取り込まれていく。

　こうした環境は，日本の教育実習生たちがのびのびと，時に大胆に実習を行う方向よりは，実習校において指導する先生方の顔色をうかがいながら，粗相のないように実習期間を過ごすような立ち回りを心がけるという，防衛的な方向を導きやすい。第4章に詳述されているが，日本の実習生たちは強いプレッシャーを感じ，時として「萎縮」しがちな状況は際立っている。

　日本の教育実習生の「萎縮」の実態は，筆者らが2017年に行った東アジア四都市（東京・ソウル・上海・香港）の実習生の意識調査からも浮かび上がってきている（第5章に詳述）。この調査は，四都市それぞれの教育系単科大学の小学校教員免許状取得を主とする教育組織に在籍する最終年次の学生に，必修となっている最後の実習を終えた後に「実習の受け止め」に関する14項目と「実習後の変化」に関する8項目を示し，「強く感じる」「少し感じる」「どちらとも言えない」「あまり感じない」「全く感じない」の五件法で計635件の回答を得たものである。四都市の中で東京の実習生の特徴としては，「緊張度の高さ」と「自己肯定感の低さ」の2つが際立っていた。概要を記すならば，東京の実習生たちは前者について「実習校では緊張を感じた」「身だしなみに気を遣った」「礼儀態度に気を遣った」「授業準備に苦労した」等の項目で最も高い値を示す一方で，後者について「教科指導に自信がついた」「学級経営に自信がついた」「教科外指導に自信がついた」等の項目で最も低い値を示しているのである。要するに日本（東京）の実習生たちは，実習中に実習校において強い緊張の中に置かれ，実習後にもさほど強い自信をもてていない，という気の毒な状況にあることが，この比較調査から浮かび上がったのである。

第5節　構造的な研究からソリューションの模索へ

　われわれの，こうした一連の調査研究は，先に述べたように日本の教育実習に主に大学側から携わる中で生じた疑問をもとにしている。しかしながら，こ

うしたモチーフで日本の教育実習を構造的に捉えた研究の蓄積は少ない。教職に関する科目としての「教育実習」のテキスト的な文献や，各大学での教育実習指導の実践に関する報告の交流や，それらをもとにした実習の効果検証の研究などは，相当な厚みを持っている。しかしながら，大学と教育委員会の関係づくりについての実践報告の前提となっている，そもそもの「教育実習における大学と教育委員会の力関係」自体の問い直しの研究というのは，これまであまり手がけられてこなかったのではないか。あるいは，実習におけるハラスメントの実態調査の類もなされてはいるものの，それらの発生要因は基本的に実習指導を行う側のモラルに帰され，その背景をなす構造的要因，すなわち前述の「忖度」や「萎縮」を生む構造的要因にまではなかなか踏み込めていないのではないか。

　われわれのモチーフに適う，日本の教育実習に関する構造的な先行研究である藤枝静正『教育実習学の基礎理論研究』(風間書房，2001年)から得られる示唆は多い(第1章・第3章参照)。特に教育実習の運営や評価に関して，歴史的な経緯も含めての分析がなされている点は大いに参考になった(評価のありように関しては第6章参照)。しかしながら藤枝の大著からすでに20年が経過した今，改めて日本の教員養成を構造的に捉え直し，そこから昨今の問題に対するソリューションを考えていく必要がありはしないだろうか。

　主に第2章や第5章においてわれわれが採った比較研究の手法は，こうしたソリューションの模索に有効な手がかりを与えてくれている。ただし，東アジア諸地域の教育実習の運営体制に学ぶところは大きいものの，そこから得られた示唆をそのまま日本の教育実習の抱える諸問題へのソリューションに結びつけるのは乱暴である。

　たとえば中国(本土)や香港のように小学校から教科ごとの免許制度を採ったり，あるいは台湾のように実習校が実習生を公募する形を採ったり，というシステムへの転換は日本においては現実味を欠いている。同様に，韓国のように量的な制限によって優秀な学生を教員養成プログラムに取り込むという施策も，

開放制を基とする日本の教員養成の原則にはなじみにくい。

　日本の教員養成に関する構造的な変化については，村澤昌崇が興味深い分析をしている[10]。村澤は，2005年の抑制策撤廃後に小学校教員養成に新規参入した私立大学の傾向として，人口集中地域にあって，定員充足率に難があり，偏差値や大学の威信が比較的低いことを指摘している。一方で日本の課程認定基準は，大学において教職科目を担当する教員の質を担保する面では不充分さを抱えており，たとえば教育学の各分野についての研究業績がなくとも，学校現場や教育行政の現場で一定のキャリアを持つ者が担当することも可能になっており，むしろそうした現場キャリアを持つ者が教員養成に関わることは政策的に奨励されつつある。

　近年の大学において，学校現場での豊富なキャリアを持つ大学教員が実習指導等に当たる機会が増えることが，教科の専門知識以前にまず身だしなみや立ち居振る舞いの指導がなされる状況を加速していることは想像に難くない。

　こうした状況を充分に見据えたうえで，ソリューションについて考えていくことが肝要であろう。終章において改めて検討することになるが，さしあたりのソリューションとしては，実習指導について，なるべく主観的要素の入らない（忖度の余地の少ない）全国的なガイドラインを―たとえば関連学会が大学や教育委員会等の意向を踏まえて検討する形で―明確化することが有効であろうと見られる。実習中の勤務時間，服装や立ち居振る舞い，実習のコンテンツと分量，大学と実習校との役割分担，さらに評価の基準，といったことがらについて，実習生が何をすればいいか，実習校の担当教員に聞かずともわかるくらいの明示的なものがあれば，日本の実習生たちはだいぶのびのびと実習が行えるようになると思われるがいかがだろうか。

〔岩田　康之〕

注
　(1) 本章は，岩田康之「国際比較に見る教育実習の日本的構造」『教育』（教育科

学研究会編，かもがわ出版）2019 年 5 月号（880 号）として発表したものに加筆修正を施して再構成している。なお，本書への再録については同研究会の承諾を得た上で行っている。

(2) 東アジア教員養成国際共同研究プロジェクト編『「東アジア的教師」の今』東京学芸大学出版会，2015 年。

(3) 岩田康之・大和真希子・山口晶子・早坂めぐみ「「開放制」原則下の実践的教師教育プログラムの運営に関する研究(2)―実習指導体制と実習生の意識に着目して―」東京学芸大学教員養成カリキュラム開発研究センター『研究年報』第 16 号，2016 年，pp.37-40.

(4) 同上，p.35.

(5) いずれも 6・3・3・4 年の学校制度を基本とし，大学の学士課程の中で教員養成教育が提供されるという共通する性格をもつ。第 1 章参照。

(6) 崔浚烈「韓国における教員の能力向上方案」，前掲(1)，pp.174-187.

(7) 主な特徴を 2 点挙げると，日本のような供給過剰が見られないこと，および教員養成全体に占める教育系大学(師範大学，教育大学)の比率が高いこと，である。岩田康之「教員養成改革の日本的構造―「開放制」原則下の質的向上策を考える―」日本教育学会『教育学研究』第 80 巻第 4 号，2013 年，pp.14-25 を参照されたい。

(8) ここで抑制策の対象となったのは，教員養成のほか，医師・歯科医師・獣医師・船舶職員といった，専門職養成に関わる 5 つの分野である。この「抑制五分野」のうち，教員養成分野について 2005 年度から一律に抑制が撤廃されている。その後医師・獣医師については特区などを設ける形で限定的に新設が認められ，歯科医師・船舶職員については依然として抑制策が続いている状況と，教員養成分野での抑制策撤廃とは大きく異なる。

(9) 岩田康之「日本的教師のハードワークはどこから来るか―教員養成の現場から考える―」『日本教育行政学会年報』43 号，2017 年，pp.153-156.

(10) 小方直幸・村澤昌崇・高旗浩志・渡邊隆信『大学教育の組織的実践―小学校教員養成を事例に―（高等教育研究叢書 129）』広島大学高等教育研究開発センター，2015 年，pp.30-31.

第1章

日本における教育実習の展開と研究視角

第1節　政策課題としての日本の教育実習

1.　本章のねらい

　本章では，序章で概観したような日本の大学における教育実習をめぐる諸課題について，近年の教員養成に関わる政策における課題とその背景を——戦後教育改革期の「開放制」原則下で課程認定が導入された初期に立ち返って——確認する（第1節・第2節）とともに，そうした日本の教育実習に関わる課題を解明するための研究視角について，これまでの研究を振り返りつつ，特に比較研究的手法を用いることに焦点化して検討する（第3節・第4節）ことを企図している。

2.　中央教育審議会・2006年答申の提案

　中央教育審議会が2006年7月11日に文部科学大臣に提出した「今後の教員養成・免許制度の在り方について（答申）」は，教員養成・免許制度の改革の具体的方策として，「教職課程の質的水準の向上」「「教職大学院」制度の創設」「教員免許更新制の導入」の3点を挙げている。

　このうち，「教職課程の質的水準の向上」においては，まず「(1) 基本的な考え方」として「大学の学部段階の教職課程が，教員として必要な資質能力を確実に身に付けさせるものとなるためには，何よりも大学自身の教職課程の改善・充実に向けた主体的な取組が重要である」としてその組織的指導体制の整備を求めるという基本方針のもと，具体的な内容として「(2)「教職実践演習（仮称）」の新設・必修化」「(3) 教育実習の改善・充実」「(4)「教職指導」の充実」「(5) 教員養成カリキュラム委員会の機能の充実・強化」の4点を挙げ，

こうした取り組みを各大学の側で行う一方で,「(6) 教職課程に係る事後評価機能や認定審査の充実」として評価の充実や,教職課程の設置に伴う課程認定行政の運用強化などを提言している。

　教育実習に関しては,この答申の中で「大学においては,教育実習の円滑な実施に努めることを,法令上,明確にすることが必要である。また,履修に際して満たすべき到達目標をより明確に示すとともに,事前に学生の能力や適性,意欲等を適切に確認することが必要である」としたうえで,実習校の設定に際し「一般大学・学部については,できるだけ同一都道府県内をはじめとする近隣の学校において実習を行うこととし,いわゆる母校実習については,大学側の対応や評価の客観性の確保等の点で課題も指摘されることから,できるだけ避ける方向で,見直しを行うことが適当である」と具体的に踏み込んでその在り方を示すとともに,同時に教員養成系大学・学部についても「附属学校における実習が基本となる」としつつも「一般の学校における実習も有意義であることから,各大学において,適切に検討することが必要である」と指摘し,教育実習校は各大学の位置する地域の学校において行うことを基本に,教育委員会や学校現場と大学の教職課程との連携を強化する方向性を打ち出したのである。

3.　課程認定行政の運用強化

　この答申以降に,文部科学省の課程認定委員会による,教職課程認定の審査や,実地視察における指摘が厳格化してきている。詳しくは他の研究[1]にゆずるが,主なポイントは,申請の審査に関しては認定を受ける教育組織(学科等)の目的・性格と免許状との相当関係に関する審査基準[2]や,各大学の教員が担当する科目と教育・研究業績の対応関係に関する審査基準[3]の整備とそれに伴う審査の厳格的な運用を行うようになったこと,およびすでに認定を受けている大学に対する実地視察において行われる「教育実習の実施計画,教育実習校等」(「教職課程認定大学実地視察規程」,2001 年 7 月 19 日教員養成部会決定)のチェックが厳しくなったこと,などに求められる。

後者に関して，毎年度の実地視察については，その年度に行った実地視察の全部について年度末もしくは翌年度始めの中央教育審議会初等中等教育分科会教員養成部会においてまとめて報告がなされているが，この答申以降は毎年のように，「実習校の選定に当たって，依然として，母校や遠隔地の学校での実習を前提としているような大学等もあ」ることが指摘[4]され，その指摘の根拠としては「母校実習については，過去の中教審答申で，「大学側の対応や評価の客観性の確保等の点で課題も指摘されることから，できるだけ避ける方向で，見直しを行うことが適当である。」と提言され，教育職員免許法施行規則第22条の5においても，教育実習等の円滑な実施について規定しているところである。このため，教育実習は，大学等による教育実習指導体制や評価の客観性の観点から，遠隔地の学校や学生の母校における実習ではなく，可能な限り大学等が所在する近隣の学校において実習校を確保することが望まし」いとされ，そのうえで「今後，地元教育委員会や学校との連携を進め，近隣の学校における実習先の確保に努めていただきたいこと・やむを得ず遠隔地の学校や学生の母校における実習を行う場合においても，実習先の学校と連携し，大学等が教育実習に関わる体制を構築するとともに，学生への適切な指導，公正な評価となるよう努めていただきたい」と指摘した，というような報告がなされている。

　のみならず，母校に依存せずに系列校で実習を行っている私立大学に対してさえも「併設校において教育実習を実施しているとのことであったが，教員免許状を取得した後には，市中の公立学校に就職することが多いことを考慮すると，公立学校等における教育実習の実施や学校現場体験を学生が経験できるような仕組みを整えることも重要と考えられる」という指摘[5]がなされるなど，近隣の教育委員会との連携によって公立校での実習を主に行う方向への行政指導が強化される傾向にある。

4. 「教職課程の改善・充実」に関する検討プロセス

このように, 2006 年 7 月の中央教育審議会答申を機に, 各大学の教職課程の運営, なかでも教育実習における実習校の設定や指導体制の充実に関しての中央教育行政の指導が厳しくなってきていることがわかるが, ここで注意すべきは, この教育実習に関することは, 文部科学大臣からの諮問事項には含まれていないということである。2004 年 10 月 20 日に中山成彬文部科学大臣（当時）から中央教育審議会に対してなされた「今後の教員養成・免許制度の在り方について」の諮問[6] において「検討する必要がある」とされたのは「(1) 教員養成における専門職大学院の在り方について」と「(2) 教員免許制度の改革, とりわけ教員免許更新制の導入について」の 2 点であり, 中央教育審議会は教員養成部会のもとにこの (1) (2) に対応した 2 つのワーキンググループ（専門職大学院ワーキンググループ・教員免許制度ワーキンググループ）を設置して審議にあたっている。

ではなぜ, 直接の諮問にないことがらが答申に盛り込まれ, これ以降の各大学における教育実習の運営を強く方向づける根拠となる提言がなされたのか。以下, 見ていくことにしたい。

答申において「教育実習の改善・充実」は,「教職実践演習（仮称）」の導入との関係で「教職実践演習（仮称）を新設することとする場合, 教育実習と当該科目との関係を整理することが必要である」とされ, その論拠は「両者は趣旨・目的が異なるものの, 将来教員になる上で, 何が課題であるのかを自覚する機会として共通性があることや, 履修時期が近接していること等から, 内容や指導の面での関連性や連続性に留意にして, 実施することが適当である」こととされている。

そして, その「教職実践演習（仮称）」の新設・導入に関する検討の必要性が, 教員免許更新制の導入をめぐって教員養成部会に設けられた教員免許制度ワーキンググループの検討の中で浮上してきている。周知のように, 教員免許更新制の導入に関しては, 2001 年 4 月 11 日に町村信孝文部科学大臣（当時）よ

り諮問[7]がなされ，この諮問に対してなされた「今後の教員免許制度の在り方について（答申）」(2002年2月21日)[8]の中で更新制導入に慎重論が呈された経緯がある。2002年答申では「免許状授与の際に人物等教員としての適格性を全体として判断していないことから，更新時に教員としての適格性を判断するという仕組みは制度上とり得」ないことを論拠としており，免許更新制導入のためには「免許授与時に適格性を判断する仕組みを導入するよう免許制度自体を抜本的に改正する」ことが必要だとしたのである。この答申での指摘を踏まえるなら，2004年に再度，中央教育審議会に教員免許更新制の導入に関する諮問がなされた際には「免許授与時に適格性を判断する仕組み」の制度設計から始めることが必要だというロジックになる。それゆえ，教員免許制度ワーキンググループにおいては，免許更新制の導入に際する課題として，免許状授与時に適格性を判定する基準の検討と方法の検討が前提となった。たとえば同ワーキンググループの第7回(2005年6月10日)においては「案1：教員養成を行う大学が適格性を判定する場合」「案2：一定の勤務実績を基に教育委員会が適格性を判定する場合」の二案[9]をもとに検討がなされている。このうち「案1」がその後に「教員として必要な資質能力の全体を確認するための科目の新設」[10]として具体化され，「教職課程の履修全体を通じて身に付けるべき最小限必要な資質能力を最終的に形成し，その確認を行うための総合実践を行う演習科目」＝「教職実践演習（仮称）」の原型となる案が示されるに至る（同ワーキンググループ第10回，2005年10月7日）。

　以上をまとめるなら，母校実習への依存を改めて近隣の教育委員会との連携による公立校実習を原則とするという行政指導の根拠は2006年7月の中央教育審議会答申に求められるものの，それは諮問事項そのものではなく，「免許更新制の導入には免許授与時に適格性の判定が必要」→「そのためには適格性判定のための科目新設が必要」→「その科目内容は教育実習に密接に関わりを持つので，教育実習の改善・充実も必要」というロジックで取り入れられた，という経緯になる。

5. 「協力者グループ」による検討

　2005 年 12 月 8 日に中央教育審議会は「今後の教員養成・免許制度の在り方について（中間報告）」[11] を出し，この後に関係団体からの意見聴取等を行った上でさらに審議を進め，翌 2006 年 7 月の答申を出すに至る。この中間報告においては教員養成・免許制度の改革の具体的方策として「学部段階で教員として必要な資質能力を確実に身に付けさせる」べく教職課程の質的向上を図っていく方向性が示され，なかでも教育実習については「教職課程のうち，特に教育実習については，学校現場での教育実践を通じて，自らの教職への適性や進路を考える貴重な機会であり，今後とも大きな役割が期待される」ため「履修要件の厳格化，大学の教員と受け入れ学校の指導教員による連携の強化，事前・事後指導の徹底，受け入れ学校の理解促進と負担軽減，単位授与の際の適切な評価等の点で，一層の改善・充実を図ることが必要である」とされた。

　その後，翌 2006 年 1 月 30 日に開かれた教員養成部会（第 40 回）において，答申に向けての検討体制の検討が行われるに際し，教職課程の質的向上に関わって「教職課程の改善・充実に関する協力者グループ」の設置が事務方より提案[12]されている。この案においては，教育実習の在り方に関する検討は直接の課題として挙げられてはいなかったが，同部会の委員から「新しく設ける協力者グループの審議事項には，教育実習は含まれていないが，教職課程の改善・充実の中の重要な課題の一つとして〔中略〕教育実習の在り方について，検討してもらわなければいけないのではないか」[13]等の意見が出され，人選を含む細部については部会長（梶田叡一委員）と事務方に一任する形でこの「協力者グループ」が設置されることとなった。その後に設置された同グループ[14]には，「「教職実践演習（仮称）」のモデルカリキュラムの検討」「「教職実践演習（仮称）」と既存の教職に関する科目（教職の意義等に関する科目，教育実習等）との関係」等と並び，「教育実習の改善・充実」が検討事項として付託されることとなった。同グループは教員養成部会の山極隆委員（玉川大学教授＝当時）を主査とし，国公私立大学の教員 4 名，教育委員会関係者 1 名，校長 2 名（小学校・中学校各

1）を加えた計 8 名で構成されている。

　同グループでの検討内容はその後，答申までの間の教員養成部会において山極委員から随時報告され，それに関わって部会で出された意見をもとにさらに具体的な検討を進めていく，という形で審議が進められていることが議事録等から読み取れる。教育実習の在り方に関しては，第 43 回（2006 年 6 月 8 日）に同グループの検討結果をまとめた「教職課程の改善・充実について（教職課程の改善・充実に関する協力者グループにおける検討）」が資料[15]として提示され，この中で「いわゆる母校実習については，評価の客観性等の点で課題があることから，できるだけ避けることが適当である」という，後の答申につながる文言が示され，委員たちからも概ね賛意が表されたようである。各種メディアも，中央教育審議会の審議に関する報道の中で，この点にクローズアップした報道を行っている。たとえば『読売新聞』（2006 年 6 月 9 日）は「「母校で教育実習」禁止，学生の評価甘いと……中教審」として，以下のように述べている。

　　中央教育審議会の専門家グループ（代表者・山極隆玉川大教授）は 8 日，教員免許を取得する際に必要な教育実習で評価が甘くなりがちな「母校実習」を原則として禁止することなどを求める報告を中教審教員養成部会に行った。同部会が今夏にもまとめる答申に反映される見通しだ。〔中略〕教育実習は教職課程の一環で，学生は居住地近くの学校などで 2〜3 週間程度の実習を受けるケースが多い。「大学と受け入れ校の連携が不十分なため，今も母校実習を受けている学生がかなり多いはず」（文部科学省幹部）という。

　　これに対し，報告書は「実習校は大学の付属校や同一都道府県内の学校が基本」と指摘。母校実習については「評価の客観性に課題があり，できるだけ避けるべきだ」とした。教育実習生の評価は実習先が行い，それに基づいて大学側が単位認定する仕組みだが，この日の部会でも，委員から「卒業生に厳しい評価をつけにくい」「「学校行事を手伝っただけで単位をもらった」という学生もいる」など弊害を指摘する声が相次いだ。

しかしながら，この「協力者グループ」でいつ何がどう検討されたのかについて，公表されている資料からうかがい知ることはできない。これは，この時の教員養成部会のもとに置かれた専門職大学院ワーキンググループ・教員免許制度ワーキンググループの2つがいずれも教員養成部会の審議を経て設置されている（2005年3月4日）のと異なり，同グループはそうした審議を経ずに山極隆委員を主査として，細部は部会長と事務方に一任する形で設置されていることに起因する。中央教育審議会の議事については公開が原則となっており，部会やワーキンググループも含めて議事録や配付資料が公開されているのに対し，この「協力者グループ」についてはそうした諸会議とは異なる扱いがなされており，議事録も資料も公開されてはいないのである。わずかに，教員養成部会（第41回・2006年3月13日）で山極隆委員が報告した資料[16]の記述から，同年2月13日に第一回，3月1日に第二回の会合が行われたことがわかるのみである。なお，この時の報告は「教職実践演習（仮称）」のカリキュラムに関することが中心となっており，教育実習についての検討は，その後6月8日の教員養成部会（第43回）までの約3カ月の間になされたことがうかがわれる。

　以上のように，教育実習における母校実習の見直しを含め，その後の学部段階の教職課程運営を方向付ける施策の多くは，この「協力者グループ」の検討を教員養成部会がオーソライズし，答申に反映させる形で打ち出されているが，これは大臣によるもともとの諮問には直接触れられていない事項であるにもかかわらず，中央教育審議会の実質的な審議を行った教員養成部会の一部委員と，文部科学省の事務方（初等中等教育局教職員課＝当時）のイニシアチブによって検討事項に加えられたものであったとみられる。

第2節　日本の「開放制」の展開と教育実習

1.「行政主導」の教員養成改革：その構造的解明へ

　前節で主に教育実習を素材に「教職課程の改善・充実」に関わる政策動向に

焦点づけて検討したように，21世紀初頭の日本の教員養成政策においては，もっぱら文部科学省がイニシアチブを取る形で中央教育行政の運用強化がなされ，その中で各大学は地方教育行政（教育委員会）との連携を強化することが要請され，教員養成を実際に担う各大学の取り組みはこうした流れに従属する形で方向づけられるに至った。それはなぜなのか。本節ではその背景について，戦後日本における免許状授与の「開放制」原則と，その後の展開をたどる形で，主に教育実習を素材として検証を試みたい。

　結論を先取りしていうなら，日本においては免許状授与の「開放制」（＝教員免許状認定に関わるプログラムを提供する機関についての参入制限の少ない制度[(17)]）が戦後の原則となった後に高等教育の量的な拡大が生じ，設置主体も構成原理も相異なる多様な大学がそれぞれに教員養成プログラムを提供する状況の中で，新たな教育課題へ対応する必要上からも教育実習への期待が高まってさらなる量的拡大がされた結果，その全体像を把握したうえで各大学の主体性に基づいて水準を担保するシステムが構築しにくくなっていた。そこへ，さらに21世紀に入ってからの規制緩和策（抑制策撤廃）がこれらの状況を加速させる中で，中央教育行政が地方教育行政に頼る形で当面の質的向上策を打ち出すことの比重が高まった，という構造が指摘できる。

　以下，具体的に見ていこう。

2. 課程認定行政と教育実習

　日本の「大学における教員養成」と「免許法授与の開放制」を基調とする教員養成制度は，1949年の新制大学発足の後，教育職員免許法が1953年に改正され，いわゆる課程認定制度が導入されたところを原基とする。実は，1949年に施行された教育職員免許法においては，いかなる種類の大学においても一定の単位修得を行うことで免許要件を満せば，都道府県の教育委員会から免許状が得られるという，いうなれば完全「開放制」であった。しかしながら，都道府県の教育委員会が各大学各学部における学業成績の証明だけを以て免許状

の発行を行うのでは質的な担保ができないことから，教育委員会サイドから改善の声が上がり，教育職員養成審議会（当時。現在の中央教育審議会初等中等教育分科会教員養成部会に相当）における審議を経て，教育職員免許状授与の所要資格を得させるための課程として適当なものを文部大臣が認定する制度（いわゆる課程認定制度）を 1955 年度の入学者より導入することとなった[18]のである。

導入された課程認定制度は，旧制度の中等学校教員の無試験検定制度をほぼ踏襲したものであり，申請様式等も類似している[19]。1954 年に改められた教育職員免許法施行規則（文部省令 26 号）第 21 条においては，大学の学則や教員に関する事項と並んで「施設，設備，教育実習施設等に関する事項」について記載して申請することとされ，これが現在の課程認定基準「11 教育実習等」[20]に相当している。課程認定申請に際して「入学定員に応じて，適当な規模・教員組織等を有する実習校」を確保することは教職課程を設置する各大学の責任とされ，実習校各々の承諾書もしくは都道府県教育委員会の実習受入証明を添付することが求められている。

この教育実習校の確保について，教員養成系大学・学部（教員免許状取得を卒業要件とする課程＝教員養成課程を有するところ。2020 年度時点で国立 44・私立 4）においては，附属学校が必置とされており（大学設置基準第 39 条）これらの学校が実習校となるのが基本である。それ以外のいわゆる一般大学・学部においても附属学校や系列の学校をもつ場合には，実習校として用いることが可能である。そうした学校をもたない大学や，附属校・系列校だけでは十分な実習機会を確保しにくい場合は，キャンパスの所在する，もしくは近隣の教育委員会に受入証明を得て，その地域の公立学校で実習を行うこととなる。

これらとは別に，実習生の卒業した母校を実習校とするケースも多い。これは，課程認定制度の前身である中等学校教員の無試験検定の許可学校となった旧制の公私立専門学校や各種学校等の多くが行っていたものを踏襲している。こうした公私立の無試験検定許可学校の大半は戦後の新制大学となり，課程認定制度のもとで引き続き新制中学校および高等学校の教員免許状取得のための

表 1.1　日本における実習校の設定

実習校	附属校・系列校	母校	協力校
メリット	実習校と大学とが同一の経営母体によって設置されていることから，実習の実施に関しての連携が取りやすい。	実習校の状況について実習生が実体験に基づく知識を持っている 実習校の指導教員が実習生の人となりを知っている場合が多く，指導が円滑に運びやすい	大学の近隣地域の教育課題に具体的に即した実習が行える
デメリット	実習校の児童・生徒が「実習慣れ」しているために，一般的な教育現場でのリアルな課題から離れる。一時期に多数の実習生が集中するため，個々の実習生が実際に実習を行う量が不足しがち。	大学と実習校が地理的に離れているなどの事情により，連携が取りにくい 評価において客観性を欠く面がある 特に高等学校実習の場合，実習校が進学校に偏り，実習で触れる教育課題に偏りがある	特に大都市圏では，実習校のアレンジに関わっての教育委員会の負担が大きい。 実習生が実習校の状況についてあらかじめ知識を得る機会が乏しい 少子化による児童・生徒数の減少に伴って公立学校の規模が縮小し，十分な指導体制がとれない場合がある

出典：岩田 (2010)[21] をもとに作成。

教職課程を設置し，母校実習を主に，教育実習を行っていくことになるのである。のみならず，これ以降に新設された一般大学・学部に教職課程を設置する場合も，大半は附属・系列校をもたないがため，母校実習を主としたものとなったのである。

　以上のような経緯で，戦後の日本の大学における教育実習は，課程認定制度のもと，大別して附属・系列校，母校，協力校（近隣公立校）の三種類の実習校において行われてきている。この三種の実習校のタイプの特質については，**表 1.1** のようにまとめられる。それぞれに一長一短があるが，このうち「デメリット」の側面が，特に母校実習に関してクローズアップされた結果が，前節で検討したような，2006 年の中央教育審議会答申に反映されていると捉えられる。

　このような，教育実習の「デメリット」の側面は，戦後の「開放制」原則下の教員養成が展開され，一方で同時代的な教育課題への対処が教員たちに要請されるようになるプロセスとともに注目されるようになってくる。以下，その

プロセスをみていきたい。

3. 日本の教育実習問題と「開放制」の展開

　2006 年の中央教育審議会答申において母校実習の見直しが提言されるに至る審議の過程では，この時期における教育実習をめぐる課題が委員たちからかなり具体的に語られている。たとえば前述の「協力者グループ」の報告をめぐっての意見交換がなされた教員養成部会（第 43 回・2006 年 6 月 8 日）[22] では，教職課程の改善・充実において教育実習が重要であるとの認識が共有されながらも，委員から「教育実習を充実させるほど，学校現場の負担は重くなる」「学校週 5 日制になり授業時間の確保が難しく，学力低下の問題もある中で，義務でない教育実習を引き受けなければならないので，これまでに色々な問題があった」等の現状認識が語られ，また「開放制とは，安易にいつでもどこでも誰でも教員免許を取得できるということではなく（中略），開放制の原則を堅持しながらも，安易な形では免許取得は許さないという方向でいくことを，書き込まなければならない」とする答申への要請や，「大学が教育実習生を送る以上は，責任を持ってもらわなければ，受け入れ校が困る（中略）。場合によっては教育実習を取りやめるくらいは必要だ」などと大学側にさらなる改善を求める意見が出されている。

　課程認定制度の発足からの約 50 年の間に，「開放制」のネガティブな面が強調され，教育実習に関わる現場の負担の重さを軽減する方策が政策審議の俎上にあがるに至った背景には，教員養成の量的な拡大と，教員に対する要請の質的な変化とがあるものと見られる。

　日本における高等教育の大衆化は，戦後教育改革期以降急速に進んだ。課程認定制度が導入された 1954 年度の日本の大学数（学部レベル）は 228 校，うち教員免許状取得のための課程認定を得たのは 184 校（80.7%）であった。その後の 50 年間，大学の新設は年平均 10 校のペースで進み，1965 年度には 317 校（うち課程認定 267＝84.2%），1977 年度には 431 校（同 367＝85.1%）となり，2007 年

時点では 723 校（同 575＝79.5％）に達している。

　特に 1960 年代後半には，ベビーブーマーが大学進学の時期を迎えたために規模の拡大が著しく，また全大学の約 8 割が課程認定を得るという比率はほぼ一定であったことから，免許状取得者も著しく増加することとなった。**表 1.2**に見るように，1960 年代後半以降，免許状取得者は毎年十数万人で推移し，教員採用者数との間に約十万人のギャップができることが恒常化している。見方を変えれば，教育実習を経験しながらも実際に教職に就かないいわゆる「ペーパー・ティーチャー」が毎年約十万人誕生しつづけ，類型で数百万人に及んでいるということでもある。しかも，この増加分のほとんどが公私立大学で，中学校・高等学校の免許状に関わる教職課程をもつところの出身者である。ちなみに 1954 年段階で課程認定を得ていた四年制大学 184 校の内訳は国立 70・公立 18・私立 96 であったが，2007 年段階の 575 校の内訳は国立 77・公立 45・私立 453 となっている。こうした公私立の一般大学の大半は附属・系列校をもっておらず，教育実習校の確保は母校もしくは協力校に頼らざるをえない。このような形で教員養成の規模の拡大が進んだことが，実習校サイドの負担感を増したとみられる。

　さらに，1998 年の教育職員免許法改正において，「教職に関する科目」の単

表 1.2　免許状取得者数と教員採用者数の推移

年度	免許状取得者数※	教員採用者数
1964	49,464	32,936
1969	131,973	36,747
1975	152,915	53,413
1981	168,433	56,591
1987	142,152	44,228
1993	128,342	33,586
1999	115,669	26,895
2005	117,903	40,156

※免許状取得の実数（複数免許状取得者は 1 と数える）
出典：文部科学省教職員課のデータによる。

位数が全体的に増加する中で，中学校の教員免許状取得に必要な教育実習の単位数が従前の３から５に増加することとなった。これは，1997年7月28日に教育職員養成審議会より出された答申「新たな時代に向けた教員養成の改善方策について」の中で「実践的指導力の基礎を強固にする」ための手立てとして「教育実習の充実」として提案されたことを受けてなされた法改正であった。これは，基本的には1980年代以降の教員養成における「実践的指導力」の要請を受けてなされた一連の制度改革の流れの中で，1989年の教育職員免許法において教科専門科目の要件が下がる一方で教職科目が増加し，教育実習に「事前及び事後の指導」の１単位分を含むようにされたなどの改編が行われたことの延長線上にある。

　ともあれ，この時の法改正（おおむね2000年度の新入生から適用）で，中学校の教員免許状取得のための実習は，「二週間の実習（2単位分・60～90時間）＋事前事後指導（1単位分）」から「三～四週間の実習（4単位分・120～180時間）＋事前事後指導（1単位分）」へとほぼ倍増したのである。多くの公私立一般大学においては，通常の授業期間中に実習が行われるいわゆる「二重履修」の影響を最小限にすべく三週間の実習を設定することとなったが，この時期に進行した少子化に伴う学校規模の縮小（小規模校の増加）も相まって，教育実習生を受け入れる実習校側の負担感がいっそう増すこととなった。

4．21世紀の規制緩和（抑制策撤廃）

　一方，小学校および幼稚園の教員免許状取得に関わる課程認定に際しては，1954年に教育職員養成審議会が定めた「大学において教員養成の課程を置く場合の審査基準」の中で「教員養成を主たる目的とする学部・学科を設けなければならない」とされ，現在も課程認定基準（2(5)）において「幼稚園教諭又は小学校教諭の教職課程は，教員養成を主たる目的とする学科等でなければ認定を受けることができない」とされている。また，全科担任制を原則とすることから各教科の指導法や教科内容に関する科目の開設や教員の確保が必要であ

り，さらに 1980 年代以降の高等教育政策の中で専門職養成に関わる 5 つの分野（医師・歯科医師・獣医師・船舶職員・教員＝いわゆる「抑制五分野」）のひとつとして教育組織の新設や定員増が抑制されてきたことなどから，中学校・高等学校の教員養成と比して小学校教員養成への公私立一般大学・学部の参入は少ない状況が続いた。ちなみに 1955 年段階で小学校教員養成の課程認定を得ていた私立大学は青山学院・京都女子・聖心女子・玉川・日本女子・立教の 6 校であったが，いずれも小規模で，なおかつ系列の小学校をもつ大学であった。別の面から見れば，小学校教員養成に関しては，開放制原則の基でもなお，国立の教員養成系大学・学部が主流で，私立大学の一部が加わったものの，教育実習に関しては附属・系列校が主な場として活用できる状況が 21 世紀初頭までは続いたのである。それゆえ，教育実習生を受け入れる実習校の問題が中学校・高等学校ほどに深刻に捉えられることはなかった。ただし，1980 年代以降の抑制策の中で国立の教員養成系大学・学部における教員養成課程の学生定員が削減（1985 年度：20,150 名 → 2005 年度：9,390 名）された[23]こともあって相対的に一般大学・学部の比重が増し，2004 年度の採用試験の時点では公立小学校の採用者 10,483 名のうち教員養成系大学・学部出身者が 4,956 名（47.3％），一般大学出身者が 4,586 名（43.7％）と拮抗する状態にあった。

　これに加え，小泉純一郎内閣において進められた「聖域なき構造改革」の一環として，高等教育における市場原理の導入と競争的環境の創出を企図して上述の抑制五分野の見直しが検討され，教員養成分野については「教員養成系学部等の入学定員の在り方に関する調査研究協力者会議」（2005 年 2 月 10 日，文部科学省高等教育局長決定により設置）による提言を受けて 2005 年 3 月末に五分野の中で最初に，かつ一斉に撤廃されることとなった。これによって公私立の一般大学・学部が小学校教員養成を「主たる目的とする学科等」を新設して新たに参画することが可能になったのである。これを機に小学校教員の養成における一般大学の比率が増し，2019 年度の採用試験においては，公立小学校の採用者 17,029 名のうち教員養成系大学・学部出身者が 5,413 名（31.8％），一般大

学出身者が 10,249 名 (60.2%) になっている[24]。

このような，教員養成分野における抑制策撤廃によって生じた 2005 年以降の小学校教員養成の構造的な変化に関して詳しくは他の研究[25]に委ねるが，教育実習の実施に関わるものとして，ここで小学校教員養成に新規参入した公私立一般大学の大半は附属・系列の小学校をもっておらず，課程認定申請に際しては都道府県教育委員会の実習受入証明を得て，公立小学校で実習を行うことが基本になっているということは指摘しておきたい。

前節でみたような，2006 年の中央教育審議会答申に至る審議の中で，もともとの諮問事項にはなかった教育実習の在り方について，実習生の絞り込みや質的な精選を基調とする方向での施策がかなり具体的に検討されたのは，この抑制策撤廃がなされ，以後に小学校教員養成に新規参入する一般大学の激増（それに伴う公立小学校での実習生の激増）が見込まれる状況を背景としているのである。

5. 教育実習をめぐる錯綜状況

以上のような経緯で，2006 年の中央教育審議会答申以降，課程認定の実地視察においては，基本的に「大学等による教育実習指導体制や評価の客観性の観点から，遠隔地の学校や学生の母校における実習ではなく，可能な限り大学等が所在する近隣の学校において実習校を確保することが望ましく，今後，地元教育委員会や学校との連携を進め，近隣の学校における実習先の確保に努めていただ」[26]くこと，つまりは教育委員会との連携のもとに近隣公立校で教育実習を実施することが各大学に要請されるようになった。しかしながら，教育委員会の側で教育実習生の受入に際してどのように対応するのかについての統一的なガイドラインが文部科学省の側で定められたわけではなく，課程認定を得るそれぞれの大学と教育委員会との協議に委ねられる状態が続いた。そして地方都市に所在する大学と教育委員会においては連携が円滑に進んでいる例が比較的多くみられる[27]ものの，大都市圏においては一つの教育委員会の管轄

する地域に多数の大学がそれぞれに教職課程を設置していることもあって，各大学の要請に応じて実習校の配当を行うのに膨大な労力を要することになった。大都市圏において，教育委員会が強いイニシアチブを取って各大学がそれに従属する形で教育実習の運営が進められることが多くなるのはこうした事情に起因する。

東京都においては，「東京都公立学校教育実習取扱要綱」において，実習生受入の資格要件や公立学校での受入基準，実施に際する諸手続を定めているが，これに加えて2010年10月に「小学校教諭教職課程カリキュラムについて」とする文書を示し，各大学の教職課程における「教職に関する科目」で扱う授業内容に即す形で「東京都教育委員会が求める教師として最小限必要な資質・能力」の項目を挙げ，「大学における講義や演習，教育実習などにおいて取り入れていただきたい指導方法を具体的に示」(28)すると同時に，「教育実習成績評価票」および各大学の「教育実習評価票」のフォーマットを示し，こうしたフォーマットを踏まえて実習の指導や評価を行うように要請を行った（第6章参照）。これは大学の側からみれば「大学における教員養成」原則に地方教育行政が介入するものとして捉えられるが，この時点で東京都内において36大学（うち34大学は私立）が小学校教員養成の課程認定を受け，各大学の教育実習運営の指導体制や評価の違いに直面する中で教育委員会なりに対応のルールを明確化しようとするならば，やむをえない措置とも解される。

このように，戦後日本の「開放制」原則下で教員養成の規模が拡大したことが，その後の政策の展開の結果として，大都市圏における教育実習の運営における教育委員会のイニシアチブを強める形に作用したことがわかる。言い換えれば，教育委員会と各大学との連携はイコールパートナーとしてのものではなく，大学が教育委員会に「お願いする」という力関係が定着したということでもある。しかも都道府県教育委員会の教育委員会は教員人事権ももっていることから，実習生にとってはその後の採用試験への影響も懸念されるところであり，保守的・防衛的な立ち回りを選択せざるをえないプレッシャーの中に置か

れるのである。その一方で、いわゆる二重履修問題や、実習時期の設定の問題（教育実習が特定の時期にのみ設定されると、留学にでた学生は留学先の学年暦によっては留年を余儀なくされる、ということがグローバル化の妨げになっている）などは基本的には未解決なまま、各大学の側の努力に委ねられている状態が続いていることになる。

第3節　教育実習に関する日本の研究動向

1．藤枝静正『教育実習学の基礎理論研究』（2001年）の示唆

　前節に述べたような日本の教育実習の抱える課題を構造的に解明し、ソリューションを探ろうとする際に、藤枝静正『教育実習学の基礎理論研究』（風間書房、2001年）（以下、藤枝（2001）と略記）の知見に学ぶことは大変多い。

　この500頁に及ぶ大著は五部構成をとり、第Ⅰ部においては1996年度の日本の四年制大学のうち課程認定を得ている434校を対象として行った質問紙調査をもとに、その記述内容の分析から国立大学・公立大学・私立大学の三類型それぞれにおける教育実習に関わる「具体的な課題」を析出し、さらにそれらを深める形で第Ⅱ部においてその教育実習の理念型を五種類に分類するとともに、教育実習を捉える際に根強い「概念的（理論的）知識」と「理念的（実践的）行動」の分離傾向[(29)]を指摘している。これらを踏まえて第Ⅲ部では国公立大学・私立大学それぞれにおける教育実習理念の基本問題に関する整理・分析を試みている。ここまでが、当時の日本の大学における教育実習の課題を全国規模の実態調査を通じて俯瞰的に捉え、それを分析した、いうなれば現状把握のパートである。こうした手法を採った理由について藤枝は「わが国では、これまで教育実習についての調査研究が数多くなされている」ものの、「それら先行研究の多くは、現に当面している課題への対処に研究の主眼が置かれており、ほとんどが単発的・断片的な研究」でしかないために「研究に体系性・持続性・発展性が必ずしも認められない」[(30)]ため、独自に悉皆調査の実施を行うに

至ったと記している。

　続く第Ⅳ部では，学制初期以来の日本の師範学校における教育実習のカリキュラム上の位置づけや指導の実際についての歴史的な検討が行われ，第Ⅴ部ではドイツの教師教育システムにおける教育実習の内容や指導体制についての検討が行われている。

　ここで藤枝が解明していることは多岐にわたるが，第1節で検討した，21世紀初頭の日本における教育実習をめぐる政策審議の議論と引き比べてみたとき，第Ⅱ部における五類型の分析と，それらを「理論と実践の結合」という観点から整理したところがとりわけ興味深い。

　藤枝によれば，教職課程を置く大学の教員たちによる教育実習の捉え方には五つの類型（「理念論的五類型」）が見出され，それらを「免許要件的」（法的規定を唯一の与件とし，受動的になりやすい）・「体験学習的」（学校現場での直接的な実地体験を重視）・「実地練習的」（学校的日常と緊密に結びついた教職への具体的・直接的準備）・「精神形成的」（教師養成教育の総仕上げとしての「教師の人格形成」「教育者精神の涵養」を重視）・「実践研究的」（実践に根ざした研究的能力の育成）と名づけている。そして，こうした大学教員たちの実習観は，現職教師たちの抱く

表1.3　藤枝「五類型」

現職教師にとっての 実習の印象	大学教員たちの 実習の捉え方	「理論と実践の結合」の 有無およびその程度
［A グループ］ 通過儀礼	［A タイプ］ 免許要件的教育実習観	両者の結合の意識それ自体が希薄あるいは皆無
［B グループ］ 自己発見	［B タイプ］ 体験学習的教育実習観	たとえ存在してもその実現は不十分
［C グループ］ 授業実践	［C タイプ］ 実地練習的教育実習観	建て前的には存在するが実現の程度が不十分
［D グループ］ 教師開眼	［D タイプ］ 精神形成的教育実習観	理論と実践の結合の枠組自体を超越する可能性
［E グループ］ 反省から探究へ	［E タイプ］ 実践研究的教育実習観	理論と実践の相互性の重視およびインテグレーションへの着目

出典：藤枝（2001）pp.106-120 より作成。

五種類の意見とほぼ対応関係にある（**表1.3**）。

　先に述べた，2006年の中央教育審議会答申に至る，教員養成部会での議論の位相をこの五類型にあてはめてみると，批判のターゲットとなったのは主に［Aタイプ］の教育実習観をもつ大学教員たちの在り方と，［Aグループ］に属する実習生たちであると読み取れる。これらを批判する委員たち（発言内容から，主に小中学校の現場，あるいは教育行政サイドの委員と見られる）は主に［Bタイプ］［Cタイプ］の教育実習観（加えておそらく部分的には［Dタイプ］も）に基づいてその改善・充実の方策を検討したのである。

　しかしながらここで藤枝が示しているように，実際には各大学の教職課程担当者の意識には相当に拡がりがあり，また実習生の意識も広汎に及んでいる。「免許要件だから仕方なく実習をやる」というような消極的な姿勢は批判されて然るべきであろうが，そうした姿勢は一部のみのものでしかないのである。そして，この答申以降の，教育委員会のイニシアチブが強まる中での教育実習の運営は，おそらくは伝統的な大学に多いであろう［Eタイプ］の実習観を持つ大学教員たちや，［Eグループ］の実習生たちの意識と齟齬を来すことになるのである。

2．研究視角の模索：「ポスト藤枝」の諸課題の解明へ

　また，藤枝がここで採った研究視角は，教育実習（に限らず，近代国家による公教育における諸課題）を構造的に解明するうえで，至極妥当なものである。つまり，単発の事例や，個々の印象に基づかずに，広範囲の実態調査を行って何が課題なのかを実証的に把握することを前提として，そのうえで，そうした課題が生じた原因を歴史的な経緯の検討から解明するとともに，そうした課題の普遍性を，異なるエリアの動向を参照することで検証する，というものである（**図1.1**）。このような研究視角は文字どおり「基礎理論研究」にふさわしいものであるといえよう。

　しかしながら，藤枝の大著から約20年が経過した今，日本の教育実習をめ

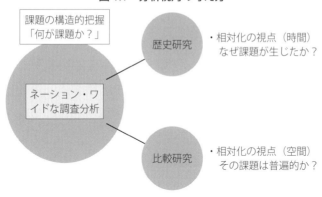

図 1.1　分析視角の考え方

課題の構造的把握
「何が課題か？」

歴史研究

ネーション・ワイドな調査分析

・相対化の視点（時間）
　なぜ課題が生じたか？

比較研究

・相対化の視点（空間）
　その課題は普遍的か？

ぐる問題の構造は相当に変化しており，新たな分析視角が求められる状況となっている。一例を挙げるならば，藤枝は「大学」を単位とし，「国立」「公立」「私立」という設置者別に分析を行っているが，2005年の抑制策撤廃以降の教育実習をめぐる状況は，こうした分析枠組で構造的に解明することは困難になりつつある。もとより課程認定基準は，幼稚園および小学校の教職課程の申請に際して「教員養成を主たる目的とする学科等」の設置を要件としているが，この「学科等」の教育組織は実際には，学部・学科・課程・専攻・コースなどの多様な形態をとっており，同じ大学の中でも中学校・高等学校の教職課程と小学校のそれとが別組織で運営されている例も少なくない（それゆえ第3章に述べる調査の回答も，同一大学から複数返送されている例がある）。私立大学においても，小学校教員養成の課程をもつか否か，あるいは大都市圏に位置するか否か，附属・系列校をもつか否か，等々で教育実習をめぐる状況は大きく異なるのである。このような状況の変化を踏まえ，第3章の分析における大学類型は，単に国公私立の設置者別だけでなく，(a) 教員養成課程がある大学（いわゆる教員養成系，私立を含む），それ以外の一般大学のうち (b) 小学校教員養成の教育組織をもつ大学と，(c) そうした教育組織をもたず，中学校・高等学校のみの教員養成を行う大学，という3つに区分する形を採っている。特に教育実習のマ

ネジメントに注目した場合，小学校と中学校・高等学校とでは大きく事情が異なるのである。

また，歴史的経緯の分析においても，旧師範学校を母体とする国立教員養成系大学・学部以外に大量の一般大学が小学校教員養成に参画している状況と，師範学校における教育実習のありようとは直接に結びつかなくなっている。これに関しては，本章の第1節・第2節で素描を試みたように，政策の動きや，その背景にあるパワーバランスも含めて検討していくことが求められよう。

さらには，「基礎理論研究」を超えて，日本における教育実習の課題のソリューションを探ろうとする際に，ドイツという地域の選択は果たして妥当か，という問題も浮かび上がってくる。この点に関しては次節に述べる。

3. 当事者意識への着眼

藤枝の研究は，「教育実習とはなにか」「教育実習において，いかなる学習を成立させるのか」という問い[31]から発している。それらの延長線上に「教育実習は誰がいかなる学びを得るためのものか」という問いを立てるなら，当事者である実習生の成長プロセスや，意識変容などをすくい取る研究手法が求められてくる。

米沢崇[32]は，日本における教育実習研究の動向を，「教員養成カリキュラムにおける教育実習の重要性を指摘した研究」「教育実習及び体験的授業科目における教職意識と教師としての力量の変容に関する研究」の2つに分けて整理し，後者には「教職意識」(教職志望意識，教職適性感，教師効力感，子ども・教師・授業に関するイメージ等)に焦点づけたものと，「教師としての力量」(授業分析，授業計画，授業研究，子どもの評価等の教育活動の遂行)に焦点づけたものとの両面があるとしている。こうした研究は主に質問紙による量的調査と，インタビューによる質的調査によって行われており，基本的にはそれぞれの研究者が所属する大学での実践の中からデータを集めたものである。それらの多くは確かに藤枝の言うように「単発的・断片的」な研究であるが，ある程度の普遍

性を持って実習生の「教職意識」や「教師としての力量」の変容を捉えられるような項目の設定を行うことで，当事者意識を構造的に把握することの見通しも得られるのではなかろうか。

第4節　教育実習の比較研究による解明

1．日本における教員養成の比較研究の展開

　日本における教員養成の研究の中で，比較研究の手法を採ったものはいくつかあるが，まず挙げられるのが中島太郎編『教員養成の研究』(第一法規出版，1961 年) であろう。これは東北大学の研究者チームによる研究成果をまとめたものであるが，まず第一部で「わが国における教員養成の実情」を整理したうえで続く第二部で「わが国における教員養成の歴史」を主に制度面から検証し，さらに第三部で「各国における教員養成」を比較する，という構成を採っている。この構成は，先に引いた藤枝静正の採った研究視角と通底しているものである。

　このうち第三部が量的に半分以上を占めており，アメリカ合衆国・イギリス・西ドイツ・フランス・ソ連の5カ国についてのカントリー・レポートと，それに日本を加えての比較研究(初等教員養成・中等教員養成それぞれに制度・カリキュラム・そこへの国家関与など) がなされている。このカントリー・レポートの中ではそれぞれの教育実習の在り方に関する言及もあり，広汎でかつ本格的な比較研究であるといえる。しかしながら，現在の日本の教育実習の問題を構造的に解明しようとする際には，約60 年という時代の隔たりもさることながら，比較研究の目的に隔たりがあるといえる。

　中村聡[33]の整理によれば，日本の教師教育研究において「国際」を捉える研究視角の変遷は，大きく分けて(1)「日本における教育学的諸課題の解決を目的として，欧米諸国を主な対象とした理論研究や動向分析が主要」であった時期→(2)「地域研究の充実が叫ばれ研究対象国の多様化が図られた」時期→

(3)「開発途上国を中心とした「教育開発」の視点からの研究」が増加する時期，という3つのステップで捉えられる。中島太郎らの研究は(1)に相当し，(2)に相当するものとしてはたとえば日本教育大学協会編『世界の教員養成』(アジア編・欧米オセアニア編，いずれも学文社，2005年)などが挙げられよう。そして中村は(1)(2)のベクトルを「日本←対象国」の「受信型」，(3)のベクトルを「日本→対象国」の「発信型」としている。

　実際，(3)「教育開発」の視点からは教育における先進国としての日本の教育のありようを，途上国の教育開発のモデルとして示す，というベクトルが導かれようし，逆に日本の教育に問題がある(改善すべき点がある)と捉えるならば他の地域のありようをモデルにするというベクトルになる。

　ただし，教育一般でも教員養成一般でもなく，「教育実習」に焦点づけて日本の抱える課題を解明しようとする際，参照に適した地域は限られてくる。たとえば藤枝が参照したドイツのような試補制度は日本の法曹養成の制度に近く，開放制を基本とする在り方と大きく隔たっている。あるいは修士レベルの教員養成が基本になっているフィンランドなどの北欧諸国では中等教育修了後に直ちに高等教育に進まない，いわゆるギャップイヤーを数年挟むのが常態化しており，それゆえ実習生の年齢は高く，社会的な成熟度も大きく異なる。

　そのように見てくると，教育実習に関して，比較教育研究の手法を採ろうとするなら，東アジアの方が参照に適している点が多いことに気づく。

2．「東アジア」諸地域と東京学芸大学との研究的連携

　東京学芸大学に2000年に設置された全国共同利用施設・教員養成カリキュラム開発研究センター(2019年廃止)は，当初より教員養成に関わる国際的な研究ネットワークの構築に積極的に取り組み，なかでも東アジア諸地域(中国本土・香港・台湾・韓国など)との連携を緊密に保ってきた。同センターが2008年に上梓した『東アジアの教師はどう育つか』(東京学芸大学出版会)には「韓国・中国・台湾と日本の教育実習と教員研修」と副題が付され，各地域の教育実習に

関わる概要が比較検討されている。

　また，この大学が東アジア諸地域の教育系大学 (44 校) の連合体である東アジア教員養成国際コンソーシアム (2009 年設立) 事業の幹事役を務めてきたことから，この地域での教員養成に関わる共同研究[34]のネットワークが強化されることにもなった。

　そうした一連の比較研究の中で，「開放制」を前提とした日本の教師教育のカリキュラムは，教育実習等の実践的プログラムの配置において教育実習それ自体の期間を比較的短い状態で保つ一方で，一年次から四年次の随所に教育現場を体験するプログラムを置くこと，および学校 (一条校) の教科指導以外の場面で教育現場に関わる度合いが高いこと，といった特徴[35]をもっていることが明らかになるなど，日本における教育実習の抱える課題を一定程度は構造的に解明してきている。

　特に，同センターと中国の東北師範大学教師教育研究院の間での共同研究は，両大学の教育実習の運営や指導体制，内容や評価といった具体的なことがらについて双方の取り組みを相互に参照し，研究協議を繰り返してきた蓄積[36]をもっている。ただし，吉林省長春市にある東北師範大学が，吉林省・遼寧省・黒竜江省・内モンゴル自治区にまたがって大学 (U) ―地方政府 (G) ―学校 (S) の連携を軸に実習の拠点 (基地) を展開するいわゆる U-G-S の取り組みのアイデアを，東京学芸大学と地方政府 (教育委員会) との教育実習をめぐる連携に応用することは極めて困難でもある。それは中国と日本という国情の違いもさることながら，長春に比して東京には教職課程をもつ大学が圧倒的に多いという，高等教育が大衆化した大都市に特有の事情もあるのである。

3.「東アジアの大都市圏」への着眼

　このような研究的蓄積を踏まえて，日本の，主に東京などの大都市圏における教育実習の抱える課題に対するソリューションを探るために比較研究の手法を用い，中国メインランド・香港・台湾・韓国といった東アジア諸地域の，主

に大都市圏における実習の状況を調査してみる，という企画が導かれたのである。

　本章の結びに，なにゆえに「東アジア」なのか？という点に関して3点挙げておきたい。

　第一に，学力観や教師像の近似性が挙げられる。紙が早くから普及し，伝統的に表意文字（漢字）を用いて「紙と文字」をベースにした東アジアの知のありようは，表音文字（アルファベット）を用いて他人の前で実際に「やってみせる」こと＝パフォーマンスをベースにした西ヨーロッパの知のありよう（そこには紙の普及の遅れも関わる）とは好対照をなす。また儒教や仏教の影響の濃い東アジアの教師たちは，単に専門分野の知識や技能の教授をするのみならず，人格的にも学習者のモデルとなることを求められる傾向にあり，そうした「東アジア」的教師像は，専門知識を神託（profess）された専門職（professional）としての教師が文字どおり「教えること」を仕事の核とする（teacher）とは相異なる。

　第二に，上記の点にも関わって，教育システムと社会的な状況の近似性が挙げられる。いずれの地域でも6-3-3-4制（または6-6-4制）の単線型学校制度(37)を基本的に採っており，有名大学への進学競争が激しい。しかも，中等教育と高等教育の間にギャップがなく，十代後半で高等教育が始まる。そして大都市圏を中心に学力向上のためのサービスを商品として提供する民間セクター（塾・予備校）が隆盛しており，それらとの関係において学校教師のアイデンティティが影響を受けている。さらには少子化傾向も続いており，初等・中等教育の実践が行われる学校自体の規模が縮小傾向にある。

　第三に，これら諸地域における教員養成システムの近似性がある。次章に述べるように，日本以外の「東アジア」諸地域においても，韓国の初等教員養成を例外として「開放制」的システムが広く採用されており，教員養成に目的づけた高等教育機関以外でも多様な教師教育プログラムが提供されている。しかもこれら諸地域では，教員の入職前の養成プログラムが，学士課程（学位プログラム）と同時並行的に設けられるスタイル（並列型）を基本としており，欧米に多い積み上げ型（学士課程の上に学卒後の教職プログラムが置かれる）とは異な

図1.2 学位プログラムと教職プログラム

並列型（主にアジア）　　　　積み上げ型（主に欧米）

出典：岩田 (2015) [38]

る（**図1.2**）。

　ただし，東アジア諸地域の中でも日本においては「開放制」が古くから採用され，また高等教育の大衆化も比較的早くに進行したため，「開放制」の拡充度合いが他よりも大きい—高等教育機関の相対的多数が教師教育プログラムを提供し，かつその中で教員養成に強く目的づけられた機関の比重が低い—ことが大きな特色となっており，それゆえに次章以下で検討するような，教育実習をめぐる諸課題が先に顕在化することになったとも捉えられるのである。

〔岩田　康之〕

注

(1) 木内剛「近年の課程認定政策と大学の自主性・自律性」『日本教師教育学会年報』第22号，学事出版，2013年9月，pp.32-39.

(2) 「学科等の目的・性格と免許状との相当関係に関する審査基準」(2011年1月20日，課程認定委員会決定)，文部科学省総合教育政策局教育人材政策課『教職課程認定申請の手引き（平成32年度開設用）』2019年，pp.139-143.

(3) 「教育又は研究上の業績及び実績の考え方」(2011年3月9日，課程認定委員会)，同上，p.144.

(4) 「平成30年度教職課程認定大学等実地視察について」(中央教育審議会初等中

等教育分科会教員養成部会第 106 回資料，2019 年 7 月 18 日）。以下 2 箇所の引用もこの資料に基づく。https://www.mext.go.jp/a_menu/shotou/kyoin/menkyo/shisatu/1420159.htm（最終閲覧：2021 年 1 月 10 日）

(5) 平成 25 年度課程認定実地視察報告書「日本橋学館大学」http://www.mext.go.jp/component/a_menu/education/detail/__icsFiles/afieldfile/2014/03/04/1344614_8.pdf（最終閲覧：2021 年 1 月 10 日）

(6) https://www.mext.go.jp/b_menu/shingi/chukyo/chukyo0/toushin/attach/1337138.htm（最終閲覧：2021 年 1 月 10 日）

(7) https://www.mext.go.jp/b_menu/shingi/chukyo/chukyo0/toushin/020202/020202_fuzoku.pdf（最終閲覧：2021 年 1 月 10 日）

(8) https://www.mext.go.jp/b_menu/shingi/chukyo/chukyo0/toushin/020202.htm（最終閲覧：2021 年 1 月 10 日）

(9) 「教員免許更新制における適格性の判定について（議論のたたき台）」中央教育審議会初等中等教育分科会教員養成部会教員免許制度ワーキンググループ（第7 回）資料 4，2005 年 6 月 10 日。https://www.mext.go.jp/b_menu/shingi/chukyo/chukyo3/040/siryo/attach/1379163.htm（最終閲覧：2021 年 1 月 10 日）

(10) 「教員として必要な資質能力の全体を確認するための科目の新設等について（案）」中央教育審議会初等中等教育分科会教員養成部会教員免許制度ワーキンググループ（第 10 回）資料 3，2005 年 10 月 7 日。https://www.mext.go.jp/b_menu/shingi/chukyo/chukyo3/040/siryo/attach/1379241.htm（最終閲覧：2021 年 1 月 10 日）

(11) https://www.mext.go.jp/b_menu/shingi/chukyo/chukyo0/toushin/05120802.htm（最終閲覧：2021 年 1 月 10 日）

(12) 中央教育審議会初等中等教育分科会教員養成部会（第 40 回）資料 6「資料 6 教員養成部会における今後の主な審議事項と検討体制について（案）」，2006 年 1 月 30 日。https://warp.ndl.go.jp/info:ndljp/pid/11293659/www.mext.go.jp/b_menu/shingi/chukyo/chukyo3/002/siryo/1265472.htm（最終閲覧：2021 年 1 月 10 日）

(13) 教員養成部会（第 40 回）議事録。https://warp.ndl.go.jp/info:ndljp/pid/11293659/www.mext.go.jp/b_menu/shingi/chukyo/chukyo3/002/gijiroku/1263827.htm（最終閲覧：2021 年 1 月 10 日）

(14) 「教職課程の改善・充実に関する協力者グループの設置について」（2006 年 1 月30 日）。https://www.mext.go.jp/b_menu/shingi/chukyo/chukyo0/toushin/attach/1337158.htm（最終閲覧：2021 年 1 月 10 日）

(15) 教員養成部会（第 43 回）配付資料。https://warp.ndl.go.jp/info:ndljp/pid/11293659/www.mext.go.jp/b_menu/shingi/chukyo/chukyo3/002/siryo/1405242.htm（最終閲覧：2021 年 1 月 10 日）

(16) 教員養成部会 (第 41 回)「資料 7 教職課程の改善・充実に関する協力者グループにおける検討状況について」https://warp.ndl.go.jp/info:ndljp/pid/11293659/www.mext.go.jp/b_menu/shingi/chukyo/chukyo3/002/siryo/attach/1405135.htm(最終閲覧：2021 年 1 月 10 日)

(17) 筆者は新自由主義的な教育政策が進む中での「開放制」について，ここに記したような定義を試みている。詳しくは岩田康之「新自由主義的教員養成改革と『開放制』」弘前大学教育学部附属教員養成学研究開発センター『教員養成学研究』第 3 号，2007 年 3 月，pp.1-10 を参照されたい。

(18) 西山薫「1950 年代から 1960 年代の政策動向」TEES 研究会編『「大学における教員養成」の歴史的研究—戦後「教育学部」史研究—』学文社，2001 年，pp.273-293.

(19) 大谷奨「1954 年教育職員免許法改正前後における中等教員養成の展開」，TEES 研究会，同上書，pp.329-365.

(20)「教職課程認定基準」，前掲注 (4)，pp.112-126.

(21) 岩田康之「教育実習とは何か」高野和子・岩田康之編『教育実習 (教師教育テキストシリーズ 15)』学文社，2010 年，pp.67-80.

(22) 教員養成部会 (第 43 回) 議事録。https://warp.ndl.go.jp/info:ndljp/pid/11293659/www.mext.go.jp/b_menu/shingi/chukyo/chukyo3/002/gijiroku/1405241.htm(最終閲覧：2021 年 1 月 10 日)

(23) 岩田康之「日本の「教育学部」：1980 年代以降の動向—政策圧力と大学の主体性をめぐって—」『日本教師教育学会年報』第 27 号，学事出版，2018 年，pp.8-17。

(24) 文部科学省総合教育政策局教育人材政策課「令和元年度公立学校教員採用選考試験の実施状況について」(報道発表資料)，2019 年 12 月 23 日．

(25) 山崎博敏「21 世紀初頭における学校教員の供給構造の変化—国立と私立の需要変化への対応—」『広島大学大学院教育学研究科紀要』第三部第 62 号，2013 年，pp.11-20 および小方直幸・村澤昌崇・高旗浩志・渡邊隆信『大学教育の組織的実践—小学校教員養成を事例に—』広島大学高等教育開発センター高等教育研究叢書 129，2015 年など。

(26)「平成 25 年度課程認定実地視察報告書」http://www.mext.go.jp/a_menu/koutou/kyoin/1344587.htm(最終閲覧：2021 年 1 月 10 日)

(27) 具体的には，一学年の学生定員 200 名程度の教員養成課程が，「中核市」程度の規模をもつ地元自治体にあるところに，好例が見られる。岩田康之「教員養成課程の規模に関する考察」『東京学芸大学教員養成カリキュラム開発研究センター研究年報』Vol.7，2006 年 3 月，pp.51-60.

(28) 東京都教育委員会「小学校教諭教職課程カリキュラムについて [解説編]」2010 年 10 月。

(29) 藤枝静正『教育実習学の基礎理論研究』風間書房，2001 年，p.149.

(30) 藤枝，同上書，p.3.

(31) 藤枝，「はじめに」，同上書，p.1.

(32) 米沢崇「我が国における教育実習研究の課題と展望」『広島大学大学院教育学研究科紀要』第一部第 57 号，2008 年，pp.51-58.

(33) 中村聡「国際的視野で見た教師教育」岩田康之・三石初雄編『現代の教育改革と教師—これからの教師教育研究のために—』東京学芸大学出版会，2011年，pp.167-182.

(34) 東アジア教員養成国際共同研究プロジェクト編『「東アジア的教師」の今』東京学芸大学出版会，2015 年.

(35) 坂井俊樹・三石初雄・岩田康之「教員養成における〈体験〉—〈省察〉的プログラムの動向と課題—日本及びアジア諸国の事例に関する考察」『日本教育大学協会研究年報』第 25 号，2007 年 3 月，pp.243-253.

(36) 岩田康之・三石初雄編『教員養成における「実践的」プログラム—中国の知見に学ぶ—』東京学芸大学出版会，2019 年.

(37) 香港においては，「復帰」後に 6-5-2-3 の英国モデルから 6-3-3-4 の中国モデルへの移行が行われ，2012 年度の時点でそれが高等教育段階まで及んでいる（旧制度最後の 19 歳と新制度最初の 18 歳がともに高等教育に進学）。

(38) 岩田康之「東アジアの大学における教員養成の質保証—論点と課題—」前掲注 (34)，p.32.

第2章
東アジア諸地域の教員養成と教育実習

第1節　概要

　本章では，次章以下（特に第5章）において日本における教育実習の課題を，比較研究の手法を用いて構造的に解明する際の前提として，比較対象である東アジア4地域＝中国本土[(1)]・香港・台湾・韓国＝の教員養成の概要と，教育実習のありようを，それぞれの特徴的な点に焦点づけて述べていく。

　各地域における教員養成のありようについては，すでに相当量の先行研究の蓄積[(2)]があり，日本語でもその具体相を知ることができるので，ここでは上記4地域と日本を引き比べる形で，(1)「開放制」「閉鎖制」と量的管理，(2)質保証に関する政府の政策，といった教員養成システム全般に関することと，本書で中心的に取り上げる教育実習に関してのいわゆる(3)「実習公害」「二重履修」の回避，の3点に絞って概観しておきたい。

1．「開放制」「閉鎖制」と量的管理

　東アジア諸地域の教員養成システムを概観すると，韓国における初等教員養成をほぼ唯一の例外として，「開放制」的な養成システムが採られている。いずれの地域においても，初等教員養成・中等教員養成に目的づけた高等教育機関による教員養成と，それ以外の一般の大学に教員養成に関わる教育組織（教育学科，教職課程など）を置いて行う教員養成とが並立している関係にある（**表2.1**参照）。

　目的養成機関は「教育大学」「師範大学」等の名称をもつが，台湾と韓国においては前者が初等教員養成，後者が中等教員養成を担うというように，別個の機関となっている。前者は近代初期に設けられた師範学校を前身とし，後者

表 2.1　東アジア各地域の教員養成機関

	日本	中国本土	香港	台湾	韓国
目的養成機関	教員養成系大学・学部	師範大学（師範院校, 師範類）	教育大学	教育大学（初等教員）師範大学（中等教員）	教育大学校（初等教員）師範大学（中等教員）
それ以外の高等教育機関で教員養成プログラムを持つところ	一般大学・学部の教職課程	一般大学の教師資格課程	その他の大学の教員資格プログラム	一般大学の教師教育センター	一般大学の教育学科・教職課程

は大学等の高等教育機関に位置づくものとして設けられており，歴史的な背景も異なっている。

　なお中国（本土）においては，もともと中等教員養成機関として発足した師範大学が，1990 年代以降に初等教員養成に関わる学士レベルの教育組織（初等教育学院等）を設置するようになるまでは，初等教員養成は基本的に中等教育レベルの師範学校（中等師範学校）で行われてきており，他の地域における教育大学に相当する存在がない。

　中国（本土）における教員養成システムの「開放制」的な動向は，2000 年頃からの高等教育の量的拡大の流れの中で捉えられる。これは，(1) 師範大学の「師範類」(＝教師資格に必要な科目が卒業要件に含まれる，日本の教員養成課程に相当) のほかに「非師範類」の教育組織を設けることと，(2) 師範大学以外の一般大学に教師資格課程を設けることの 2 つを柱としている。(1) は日本の教員養成系大学における「新課程」(ゼロ免課程。教員免許状取得を要件としない) に類似するものとして捉えることができる。中国の大学における教育・研究の基本的な組織は通常「学院」[3]を単位とするものであるが，たとえば外国語学院の英語専攻（専業）に，英語教育学科（師範類）と並んで英語学科（非師範類）を設置したり，音楽学院の音楽専攻に音楽教員の養成を企図した音楽学科（師範類）とアーチスト養成を企図した音楽学科（非師範類）を並立させたり，等々の形で

設置が進められることとなった。現状では，師範大学の半数以上の専攻は「非師範」系になっている。(2)は，2001年に国務院の打ち出した政策を機に，師範大学以外の一般の総合大学にオプショナルな教師資格課程を設けることが奨励されることとなり，これは日本でいう一般大学の教職課程に相当する。ただし，師範類の卒業者以外に対しては，中華人民共和国教育部の実施する教師資格考試を経て教師資格が認定されるシステムとなった。

　香港においても同様の動きが見られる。香港教育大学の前身は1994年に域内の5つの教員養成機関を統合して設置された香港教育学院で，香港特別行政区域内における教員養成を主な目的とした教育機関(学士課程＝教師資格課程)として長い伝統をもつ。その後に同学院が大学へ昇格するに際して，大学院(修士・博士)を整備するとともに，教育以外の分野に関わる学士課程プログラムの整備を進めることとなった。2016年に同学院は香港教育大学(The Education University of Hong Kong, EdUHK)となる[4]が，教育及人間発展学院(教育学士課程)のほか，人文学院・博物及社会科学学院の計3つの学院組織をもち，理学・芸術学・人文学等の学位も出すようになっている。その一方で香港においては，他の4つの総合大学(香港大学，香港中文大学，香港バプティスト大学，香港公開大学)もそれぞれに教師資格プログラムを提供しており，実質的に「開放制」的なシステムが機能しているといえる。

　ただし，この中国(本土)と香港の教員養成システムは，少なくとも以下の2つの点で日本と大きく異なる。第一は，小学校においても教科担任制が基本であるがゆえに教師資格が教科ごとに認定されるシステムになっており，それに対応して学士課程段階での教員養成の組織やカリキュラムも教科ごとのそれが基本になっているということである。第二は，中華人民共和国教育部および香港特別行政区教育局によって年度ごとの教員養成プログラムの総量がコントロールされているということである。中国(本土)においては師範類の学生総数が毎年設定され，各師範大学がその枠の中で競争入札によって定員を決めていく方式が採られており，香港においても同様に，学士課程および学卒後課程(Postgraduate Diploma of Education, PGDE) における教師資格プログラムの総数が年度ごとに教育局より示され，プログラムを提供する大学間での協議によって決定されている。

台湾においては，1994 年に制定された師資培育法によって，従前の教育大学（初等教員養成）・師範大学（中等教員養成）それぞれの目的養成機関による計画養成から，その他の一般大学も教員養成を併せ行う「開放制」的なシステムへと移行した。2017 年の段階では，師範大学・教育大学以外で教員養成関連学科（師資培育相関学系）をもつ大学 12 校，教員養成センター（師資培育中心）をもつ大学 56 校，となっている[5]。

韓国においては，初等教育の教員養成に関しては教育大学校を中心とした目的養成機関での養成に限られる閉鎖的なシステムを採っているが，中等教育（中学校および高等学校）の教員養成に関しては，総合大学に置かれた「師範大学」（卒業イコール中等学校の教員資格取得に直結）のほか，一般大学に置かれた教育系の学科や教職課程において所定の科目を履修することで教員資格が得られる，いわゆる「開放制」的なシステムが採られている。2013 年の段階で，中等学校の教員養成の機関（学士レベル）としては，師範大学 46 校のほか，一般大学の教育科 59，教職課程 156 となっている[6]（その他に大学院レベルの養成機関としての教育大学院が 108 校）。

これら両地域は，中国（本土）や香港特別行政区と異なり，伝統的に小学校教員が全科担任制となっており，その意味で初等教員養成と中等教員養成とが異なる組織やカリキュラムの基で行われるという点で，日本のシステムに近い。また，一般大学で教員養成を行う機関が，師範大学・教育大学（校）の数を大きく上回っており，その大半は私立大学であるという点でも，日本の状況に似ている。しかしながら，教員養成プログラムを政府が量的にコントロールするという点では，やはり日本の状況と大きく異なっている。

台湾においては，師範大学・教育大学の学生定員のみならず，一般大学の教員養成関連学科や教員養成センターに関しても，収容できる学生定員の総量が

中華民国教育部によって設定されている。前述の師資培育法が施行された1996年以降こうした一般大学における教員養成は徐々に拡大し，2004年にピークに達する（教員養成関連学科9,859人，教員養成センター7,270人）。しかしながら少子化による教員需要の減少に対応して以後の定員は漸減し，2017年時点ではそれぞれ4,003人，4,314人となっている[7]。一方の師範大学・教育大学においても定数の削減や統廃合（総合大学への併合）が進められており，現状では師範大学3，教育大学2のみとなっている。こうした削減は，1996年度より導入された教員養成機関評価の結果に基づいて行われている[8]。これは，各大学の自己評価に主に依拠し，基本的には教員養成機関それぞれの教学改善を促すためのものであるが，2006年に中華民国教育部が発表した「大学校院師資培育評鑑作業要点」（大学における教員養成評価作業の要点）によって評価の基準や方法が明確化されるとともに，評価結果によるその後の処置などが定められた。これ以降，評価結果が「一等」と判断されたところは定員の維持が認められるが，「二等」においては2割の定員減が命じられ，「三等」と判断されれば以後の募集停止が命じられる，というものである。

　韓国における教員養成評価もこれと類似の機能をもっている。1997年に大韓民国教育部は韓国教育開発院（Korean Education Development Institute, KEDI）とともに教員養成機関の評価システムを準備し，翌1998年からこの評価が始められている[9]。これは，教員養成機関を「教育大学校」「師範大学」「教育大学院」「一般大学の教育科」「一般大学の教職課程」等のカテゴリーごとに，おおむね5〜6年の周期ですべての教員養成機関を評価対象にするというものである。評価基準はカテゴリーごとに教育部によって定められ，KEDIが評価の実施に当たる。評価結果は4段階で判定され，A評価（優秀）ならば定員増や予算増が認められ，B評価（普通）ならばそれらの維持が認められるものの，C評価（不十分）ならば予算や定員の削減を命じられ，D評価（不適合）ならば廃止が命じられる（2015年以降はA〜Eの5段階）。また，一般大学の学生で教職課程を履修できる者の数も制限されており（通常は定員の1割程度），各大

学はそれぞれの方法[10]で教職課程履修者をあらかじめ絞り込むことになる。

　以上のように見てくると，「開放制」的な教員養成システムは東アジア諸地域に広く見られるものの，日本以外においては，教員養成プログラムに入る学生の総量が政府によってコントロールされており，これが「開放制」の拡大に対する一定の歯止めとなっていることがわかる。

2. 質保証に関する政府の政策

　このように，台湾や韓国においては，教員養成機関の質的な維持や改善を促す目的で始められた評価システムが，予算や定員の削減や廃止を命じることができる強い権限をもっている。また中国（本土）や香港も含めて行われている教員養成プログラムの総量規制は，結果として相対的に学業成績の優れた学生や，教職意識の高い学生を確保する作用を果たしており，教員入職者の質の向上においても効果を上げているとみられる。

　これに加え，中国（本土）と台湾においては，政府による統一的な教師資格試験が行われており，これが入職者の量的なコントロールとなっているとともに，質的な面においても政府が直接に責任を負う体制となっている。

　台湾においては，前述したように1994年師資培育法以降の「開放制」の拡大と，その後の少子化に起因する教員需要の減少を受けて，2002年に同法を改訂し，教育実習期間の短縮（第4節参照）や教師資格検定の導入がなされることとなった。教師資格検定については翌2003年に中華民国教育部より「高級中等以下学校及幼稚園教師資格弁法」（高級中学＝日本における高等学校相当＝以下の学校と幼稚園における教師資格検定の方法）を発表し，これに基づいて2005年度から行われている[11]。大学における所定のプログラムと教育実習を終えた後に検定を受け，合格することで教師資格証（免許）が得られることになる。この試験は，国語能力，教育原理および制度，生徒の発達と指導，カリキュラムと教授，の4つの領域からなり，全体で60％以上の得点率で合格（ただし50％以下が2科目なら不合格，1科目でも零点があると不合格）となる。例年，い

表 2.2　台湾における教師資格検定の状況（2017 年度）

区分		志願者	受験者	合格者	合格率
幼稚園（計）		1,450	1,373	545	39.69%
（内訳）	師範大学・教育大学	358	350	269	76.86%
	教員養成関連学科をもつ大学	465	443	159	35.89%
	教員養成センターをもつ大学	627	580	117	20.17%
小学校（計）		2,431	2,337	1,362	58.28%
（内訳）	師範大学・教育大学	1,288	1,248	824	66.03%
	教員養成関連学科をもつ大学	843	803	431	53.67%
	教員養成センターをもつ大学	300	286	107	37.41%
中等学校（計）		4,553	4,342	2,479	57.09%
（内訳）	師範大学・教育大学	1,763	1,711	1,202	70.25%
	教員養成関連学科をもつ大学	463	447	281	62.86%
	教員養成センターをもつ大学	2,327	2,184	996	45.60%
特別支援学校（計）		844	820	457	55.73%
（内訳）	師範大学・教育大学	508	498	321	64.46%
	教員養成関連学科をもつ大学	285	278	133	47.84%
	教員養成センターをもつ大学	51	44	3	6.82%
総計		9,278	8,872	4,843	54.59%

ずれの免許種においても師範大学・教育大学の合格率が一般大学よりも高い傾向にあり，2017 年度の実施状況は**表 2.2** のようになっている[12]。

　一方，中国（本土）においては 21 世紀初頭からの「開放制」化のプロセスの中で，師範類の卒業が教師資格に直結する一方で，非師範類の卒業者に対しては中華人民共和国教育部による教師資格考試が課され，それに合格することで教師資格が得られる二重構造を基調としてきた。その後，高等教育の大衆化（大学の規模の拡大）を踏まえて中央政府は「国家中長期教育改革与発展規画綱要（2010-2020 年）」（国家中長期教育改革および発展に関する計画大綱）を発し，その中で中央政府が基準を定め，各省で試験を実施し，各県で教員の採用を実施する（第 55 条）形での教師資格制度の整備を提言した[13]。これを受けて教育部は

教師資格考試の基準（教師資格考試標準）や筆記試験や面接試験の大綱などを策定した。これによって，2011年以降の大学入学生は，師範類であっても，卒業に加えて教師資格考試に合格することが教師資格の取得には必須となった。また同時に教師資格証の定期的な更新制度（いわゆる免許更新制）も導入されることとなった。

　このように東アジア諸地域の教員養成を概観してくると，日本の「開放制」の拡がりの大きさと，それに関わって政府が量的・質的なコントロールを加える度合いの低さが際立つ。日本においては教員免許を得るための統一試験を行うことはたびたび政策課題にはなっているものの実現の段階にはない。また教員養成機関を含む大学評価のシステムも整えられてはいるものの，それらは教員養成に関わる教育組織の定員や予算のコントロールと直結してはいない。第1章でみたように，2006年7月の中央教育審議会答申以降に課程認定行政の運用は強化され，実地視察での指摘事項も増える傾向にあるが，実際に教職課程の廃止を命じられたケースはこれまでにない。それどころか，2005年度よりなされた教員養成分野における抑制策撤廃は，少子化傾向が進む中で逆行した動きとも捉えられるのである。

3. 「実習公害」「二重履修」の回避策

　第1章でみたように，日本においては1970年頃を機に教員免許状の取得者数が教員の新規採用数を大幅に上回る状況が常態化し，またその後に免許要件としての実習期間が延長され，一方で少子化傾向によって実習を行う学校の規模が小さくなったこともあり，実習現場の負担は重くなりつつある。多数の実習生が学校現場に負担をかけ，未熟な授業によって子どもたちの学びにダメージを与え，なおかつその後に教職に就く者が少ないという状況は，実習校で実習指導に当たる教員たちの徒労感を増す。こうした文脈から日本では「実習公害」論が語られるようになっている。

　しかしながら，ここまでみてきたような東アジアの諸地域においては，いず

れも教員養成プログラムに入る学生に対して政府が直接に量的・質的コントロールを行っているがゆえに，こうした「実習公害」論はほとんどない。わずかに，師範大学・教育大学の附属校⁽¹⁴⁾での実習に関わって，保護者からその手のクレームがあるといった程度に収まっている。また，いずれの地域においても実習校の確保は大学とそれぞれの学校との連携・協働によってなされているが，実習生が量的に抑えられることで，実習校の割り振りや指導における連携・協働は円滑に運んでいるのである。ちなみに日本の政策論議においてやり玉に挙げられていた「母校実習」については，韓国の一般大学の教職課程の一部が実習校の確保に難儀して母校に依存する例がある（序章に述べたキム・ヨナの例など）ものの，他においては，たまたま実習校が母校になる例はあっても，制度的に母校に依存するシステムにはなっていないのである。

　また，実習時期が通常の授業と重なるいわゆる「二重履修」問題についても，日本以外の東アジア諸地域にはこの種の問題は基本的に存在しない。

　そもそも香港と台湾では，教員養成プログラム自体が4年の学士課程で完結しない。たとえば香港教育大学においては，教師資格に直結しない学士課程（芸術・言語・社会科学など）は4年のプログラムとなっているが，教師資格に直結する教育学士課程（Bachelor of Education）はいずれも5年のプログラムになっている⁽¹⁵⁾のである。それゆえ，第3節に述べるような長期の実習を組み込んでも，学士課程の他の授業には影響しない。台湾においては，学士課程の4年のプログラムを修了し，その後の資格検定を経て半年間の実習を行い，その実習の修了を以て教師資格が得られるシステムになっているので，いわゆる「二重履修」は起こりえない。

　韓国の初等教員養成に関しては，第5節に詳述するように，1〜2週間程度の実習プログラムが各学年・各学期に分散して設定されており，その時期には通常の授業がない。「開放制」的システム下の中等教員養成においては，一部にいわゆる「二重履修」状態が生じうるが，前述のような事情で履修者が絞り込まれているために，日本ほどに深刻な問題ではない。

中国（本土）の師範大学の師範類においては，次節に述べるように，集中型の実習が組まれるのが通例である。その時期には他の授業は組まれないので，やはり「二重履修」問題は生じないことになる。

　以上3点を軸に東アジア諸地域における教員養成システムと教育実習の前提的な事情をみてきた。以下，各地域の具体的な状況を検討していく。

第2節　中国（本土）

1．教師教育課程標準と教育実習

　前節に述べた「国家中長期教育改革与発展規画綱要（2010-2020年）」以降，中国（本土）における教師教育[(16)]の体系的整備が多方面にわたって進められることになった。2011年度から順次統一的な教師資格試験や教師資格証の更新制度の導入に加え，教員養成に関わる大学のカリキュラム・スタンダードとしての「教師教育課程標準」，現職教師のプロフェッショナル・スタンダードとしての「教師専業標準」などが学校種ごとに定められた。

　このうち「教師教育課程標準」は2011年10月に教育部より「試行」として公示され，以後全国の師範大学等で教員養成プログラムを提供する際のカリキュラムの基準として作用している。これは序言・基本理念・課程の目標・課程の設置・実施提案の5つの部分から成り立っており，教員養成カリキュラムの各領域に関わる目標と，それを踏まえた科目構成が提案されている。

　たとえば，小学校の教員養成に関わる「教育実践と体験」に関しては，**表2.3**のように目標領域の設定と目標および実際の要求事項[(17)]が示され，具体的な科目設定として観察実習（見習）と教育実習（実習）を合わせて18週が標準とされている。

　18週の教育実習というのは，おおむね一学期に相当する長さである。しかしながら，実際には，経費の制約（これは後述するような実習の運営方法にも関わる）や，実習校の確保などの問題から，一学期間の連続実習を実施できる大学

表 2.3　中華人民共和国教育部「教師教育課程標準（試行）」抜粋
（小学校教師入職前教育課程の目標「3 教育実践と体験」部分）

目標領域	目標	基本要求
3 教育実践と体験	3.1 教育実践を観察する経験を積む	3.1.1　関連するカリキュラム学習と同時に，小学校授業を観察し，その授業の規範とプロセスを知る。
		3.1.2　実際にクラスに入り，小学生の集団活動および小学生の学級経営・学級活動の内容と要求を知り，子どもたちと直接に接する機会を得るようにする。
		3.1.3　小学校と密接な関係をもち，小学校教育および学校経営の実際を知り，小学校の仕事内容・運用過程に対する感性的な認識を得る。
	3.2 教育実践に参加する経験を積む	3.2.1　指導の下で，小学生の特徴とその教育目標・実施案に基づき，1〜2教科の教育活動を経験する。
		3.2.2　指導の下で，子どもの学習指導・学級経営・学級活動指導に参加し，家庭・地域との連携を経験する。
		3.2.3　さまざまな教育研究活動に参加し，他の教師と直接に対話・交流する機会を得る。
	3.3 教育実践を研究する経験を積む	3.3.1　日常の学習・実践中で学び考え，問題意識と一定の問題解決能力を養う。
		3.3.2　教育実践を研究する一般的方法を知り，計画を立て，活動を進め，レポートを完成し，結果を分かち合う全ての過程を経験する。
		3.3.3　各種の研究活動に参加し，科学的に生徒を研究する経験を積む。

出典：中華人民共和国教育部（臧例訳）「教師教育課程標準（試行）」（仮訳），2013 年 [17]。

は少なく [18]，大半の大学では分散型の実習を行っている。たとえば，上海師範大学では以下のような配置になっている [19]。

観察実習（見習）　二年次・三年次，計8週
　→ 現職教員の講話，授業ビデオ視聴，学校訪問等

教育実習（実習）　四年次前期8週
　→ 実習校での教壇実習と課外活動の指導，事後に実践研究論文を提出。

研究学習　四年次後期2週
　→ 実習生相互の経験の交流，シンポジウム参加，研究論文の講読等。

実習校については，大学の教務處が窓口となって，大学の近隣を中心に師範類の実習生に見合うだけの協力校を確保することになる。ただし，小学校から教科担任制を採り，大学の教育組織も教科ごとの構成を基本にしていることから，実習指導に際しての大学と実習校との関係が，大学の当該教科担当の教員たちと，実習校の当該教科の担当教員たちとで安定的に築かれていることが多い。その関係性の中に，毎年の実習生が参画していくことになるのである。

2. 実習における連携

　分散型の実習が設定される場合，大学の位置する都市部から離れた遠郊の農村部の学校に実習生を送り，その地域の教育支援や教育開発を併せ行う形でのwin-winの関係づくりが行われるケースが多い。

　「頂崗実習」と呼ばれるモデルがその一つで，これは，師範大学が師範類の学生を選抜して農村の小中学校に派遣し，現地の一部の小中学校の教員の代替を務め，逆にその期間中，現地の小中学校の教員たちは大学に赴いて研修を受ける，というものである。これは実習生にとって農村の教育の現実に触れる機会を確保するとともに，農村の教師たちに研修の機会を保証するという取り組みであるが，教師資格をもたない実習生が授業を代行すること，それらの実習生を指導する体制が十分でなく，実習の効果が上がりにくいなど，さまざまな課題を抱えている[20]。

　東北師範大学が2007年より展開しているU-G-Sモデル[21]は，この「頂崗実習」の弊を改めるとともに，より大規模で，緊密な大学（U）―地方政府（G）―学校（S）の三者連携を促進する取り組みと捉えられる。同大学は吉林省・黒竜江省・遼寧省・内モンゴル自治区の4つの地方政府と連携し，「教師教育創新東北実験区」を随所に展開している。その「実験区」においては，東北師範大学の実習生が域内の学校で8週の実習を行う間，大学の指導教員が随行し，各学校の指導教員とともに実習指導にあたる（ダブル指導教員制度）。地方政府は，実習生の宿泊施設等を提供し，実習校との間に入って便宜を図る。実習校

は実習指導をするとともに，大学との研究交流を深め，教員たちの職能成長を図る，というものである。これは，実習校で指導に当たる教員の質が必ずしも担保されなかったり，実習指導に赴き学生とともに数週間遠郊に滞在する大学教員の負担が大きかったり，さまざまな課題があることは確かであるが，今後の展開が期待される取り組みである。

3. 集中実習の運営

　東北師範大学に限らず，遠郊での実習を設定している師範大学は多い。たとえば首都師範大学（北京）の初等教育学院では，四年次の前期（10月）に4週の市内中心部にある小学校での実習と，後期（5-6月）に6週の遠郊（延慶区・密雲区など[22]）の小学校での実習とが設定されており，これに三年次までの観察実習（見習）8週を加えて計18週の実習を行っている。

　この遠郊実習に関しては，学生たちは教科ごとのグループを組み，各実習校に赴き，滞在しながら実習を行う。各教科の指導教員も大学から同行する。

　実習の内容は以下のように定められている[23]。

(1) 教科指導

1. 指導教師の授業を観察する。授業を聞く前に教材研究を行い，準備をする。授業中は記録を取る。授業後の検討会に参加し，授業分析や授業計画の立て方についての指導を受ける。
2. 最初の4週で，実習生は少なくとも5種類の異なる指導案を作成する。毎時間の授業の前にコピーを取り，指導教師の審査を受け，指導教員による助言を受けて修正を施して完成させる。一回目の授業前に必ず模擬授業を行う。
3. 実習生は積極的に授業づくりを行い，現代的な教育手段を用いて授業を展開し，マルチメディアを駆使して教授する。
4. 実習生は相互に授業を聴講し，少なくとも15時間分について記録を取る。
5. 指導教師の業務に積極的に参加し，各種の教学活動に取り組むことを通じ

て，絶え間なく職能発達に励む。

6. 実習生は実習期間中に研究課題を確定させ，研究計画を提出し，データを集め，関連資料を収集し，卒業論文の準備をする。

7. 実習の終わりに，実習生は実習の総括を行う。

(2) 学級担任業務

1. それぞれの実習生は本来の学級担任の指導の下，実習中の少なくとも一週間は学級担任の業務を行う。

2. 実習生は実習期間中，担当学級に深く入り，すべての児童を愛し，関心を払い，児童の名前を熟知し，児童の思想教育を細やかに行う。

3. 学級を常時見渡し，積極的に課外活動に参加し，アクシデントに正確に対処する。

4. 一定の条件下で，学級活動の一つを組織する。

　評価については，「教師としての在り方（師徳）」「職務態度」「授業のレベル」「教育効果」「基礎知識」「職業技能」の6領域について，実習校の指導教員と大学の指導教員とが行う形となっている。

第3節　香港

1．実習の設定

　第1節で述べたように，香港においては，香港教育大学・香港中文大学・香港大学・香港バプティスト大学・香港公開大学の5校が教員養成プログラムを提供している。これらのうち，最も多くの教育学士課程を提供しているのが香港教育大学である（他の4校はいずれも学卒後課程 = PGDE に重点を置いている）。以下，同大学の学士課程における教育実習を中心にみていくこととする。

　香港教育大学には，學校協作及體驗事務處 (School Partnership and Field Ex-

表 2.4　香港教育大学 (学士課程) における実習科目の配置 (2019-)

名称	時期	内容
実習の導入 Induction (1)	二年次第一学期	教師の専門性に関わるレクチャー，学校内外の多様なステイクホルダーによるレクチャー，実地の見学，それらを踏まえた省察など
実習の導入 Induction (2)	二年次	授業研究，授業見学等
集中実習 Block Practice (1)	三年次第二学期	共同での授業実践 6 週以上の集中実習＋1 週の準備 週あたり 8-10 時間の授業
集中実習 Block Practice (2)	五年次第一学期	単独での授業実践 6 週以上の集中実習＋1 週の準備 週あたり 10-12 時間の授業

perience Office, 以下 SPFEO) が置かれ，教員 3 名・事務職員 19 名・研究員 1 名が配置されている[24]。この SPFEO が実習校との連携の窓口役となるとともに，同大学における実習関連科目の実施 (事前指導・事後指導・実習指導教員の研修・実習の評価等) を直接に担当する部局となっている。

　前述のように，香港における教育学士課程は修了までに他の学士課程より 1 年長い 5 年を要する。学士課程における実習関連科目の配置は表 2.4 のようになっている。実習関連科目の学習記録には e- ポートフォリオが用いられ，これらの情報は SPFEO のほか，実習関係者 (実習校，大学，実習生) に共有され，事前事後における省察の素材とされる。

　2017-18 年度の場合，教育学士課程学生の集中実習 (1) は 10 月 23 日〜12 月 2 日 (6 週) で，直前一週 (10 月 16 日〜20 日) が準備期間となっている。また集中実習 (2) は 3 月 12 日〜4 月 28 日 (6 週) で，同様に直前一週 (3 月 5 日〜9 日) が準備期間である。この準備期間は，実習生と実習校，そして大学の指導教員の三者の協議によって実習の内容や，指導のスケジュール等の確認が行われる期間である。なお，学卒後課程 (PDGE) の実習は，学士課程の実習と時期をずらして設定されており，同じ実習校で学士課程と学卒後課程の学生が同時に実習を行うことは基本的にない。

表 2.5　教育実習で期待される 10 の学習効果（香港教育大学）

領域	項目
学校の発展	1.　地域の教育ニーズへの学校の対応について理解を示す
	2.　学校の教育方針についての理解を深め，明らかにする
児童生徒の発展	3.　個々の児童の異なるニーズに合わせる
	4.　学校内の一教師として，しつけや指導の役割を認識する
教授と学習	5.　科目内容の知識について，十分な指示を行う
	6.　教授内容知識（PCK）を用いる能力を明示する
	7.　多様な形の教授方策と技術を援用する
	8.　形成的評価・総括的評価の方策をデザインし，応用する
専門的な関係性とサービス	9.　同僚や学校支援者たちと真摯な関係を作り，実践する
	10.　継続的な職能成長のために，他の教師の教授について評価をする

出典：香港教育大学院校協作及学校体験事務處 Field Experience Structure（2017-18）より岩田訳出。

　実習校の配当は SPFEO が窓口になって各実習校と実習生のマッチングを行うが，一定の配分基準（一校あたりの人数，実習生の自宅からの距離等のクライテリア）が設定されている。集中実習（1）はグループでの共同授業が基本になるために比較的少数の実習校に数人ずつのグループ（同一教科の専攻）を送ることになるが，単独授業を基本とする集中実習（2）では通常，一校あたり 1～2 名程度の学生が香港全域の実習校に散っていく形となる。また二回の集中実習を異なるタイプの学校で行うことが基本となっている。

　実習を通じての期待される学習効果（learning outcome）は**表 2.5** のように整理されている。

2.　指導体制

　香港教育大学 SPFEO による教育実習ハンドブック（Field Experience Handbook）[25] には，実習におけるそれぞれの役割が以下のように定義されている。

　実習コーディネータ（Field Experience Coordinator）…香港教育大学のアカデ

56

ミックスタッフのひとりで，実習や実地研究に関わるプログラムに責任を
もつ。

連携教師(Link Teacher)…各実習校は「連携教師」を指名し，学校と教育大
学との連携役とする。校長・教頭を含む校内のどの教師でもこの役割を担
いうる。連携教師は，実習期間中を通じて実習生たちの学校参加の全体を
監督する。

支援教師(Supporting Teacher)…実習生が教える学級の運営に責任をもつ教
師。この教師は普段の助言や形成的評価によって実習生を支援し，また実
習生・大学の指導教員との三者会議に参加する。

実習生(Student Teacher)…香港教育大学において入職前の教員養成課程に
在籍する学生。

大学の指導教員(EdUHK Supervisor)…香港教育大学のアカデミックスタッ
フで，実習生の実習指導に当たる者。

こうした定義がなされたうえで，実習前・実習中・実習後それぞれに行うべ
きことが明示されている。

大学の指導教員は実習生の主専攻から一人，その他の専攻から一人の計2名
が担当することになるのが原則で，一方が教科関連(中国語・数学等)で他方が
教職関連(教育学や心理学等)という配置が採られることが多い。この指導教員
はそれぞれの立場からアドバイスを行うとともに，双方に連携を取り合って訪
問指導(このスケジュールや回数は事前準備の過程で定められる)や，それ以外の
場面での電話や電子メール等を使った指導を行うことになる。なお，この指導
教員を務めるに際しては大学の提供する一定の研修プログラム(8週)が必須と
なっており，また通常の給与とは別立ての手当が支給される。

一方，実習校に対しては，大学から図書館の閲覧証が与えられるとともに，
大学教員によるセミナーやワークショップの提供(教員もしくは児童生徒向け)
もしくは連携教師・支援教師たちの教育研究活動の支援として2,500HK$～

4,000HK$（1HK$≒約13円）の支給がなされる[26]。

3. 評価

　教育実習の評価に際しては，以下のように5つの観点と16の項目が設定され，大学の指導教員がそれぞれの項目について四段階（優／良／可／不可）で評価を行う。

　教師（教える態度・児童生徒との関係・省察能力）

　授業計画と内容（学習のねらい・内容知識・教材の選択・学習活動のアレンジ・
　　授業計画）

　教授学習の管理（教育資源の選択と活用・学習環境の管理・授業方針の実施・個
　　別の違いへの配慮）

　評価方針（学習を促進する評価・フィードバック）

　コミュニケーションと相互活動（非言語を含むコミュニケーション・学級活動）

　そのうえで，実習校の支援教師と実習生本人を加えた三者会議において協議がなされ，実習全体を通じての最終評価（優／良／可／不可）が決定される。ここで特徴的なのは，実習生本人が自らの実習の評価に関して意見を述べることができること，および三者会議において評価の食い違いが生じた場合にその調停の手順が定められていること（実習校の校長および大学の実習コーディネータが三者から事情を聞き，最終的な評価を確定させる）の2点である。これは，実習の成績が採用に際して大きなウエイトを占めるものであることから，特定の評価者の恣意によらない，公正な評価を，実習生本人も含む形で行うことを企図したものと捉えられる。

第4節　台湾

1.「師資培育法」と実習の位置づけ

　台湾においては,「師資培育法」の規定に基づき, 4年の学士課程を修了した後に半年間の教育実習を行うことが求められている。

　「師資培育法」はたびたび改訂されているが, 実習に関わる大きな変化は, 2002年と2017年の改訂である。

　2002年改訂は, 師範大学・教育大学による目的養成主体から, 広く一般大学での教員養成を含む形での「開放制」に移行したことに対応して行われたものである。それ以前は, 大学の学士課程を卒業した後に一年間の実習が課され, その成績をもって教師資格が認定されるシステムで, 実習中は手当が支給されるものであったが, これ以降は実習期間が半年に短縮されるとともに, この実習が学士課程の中に含まれる(つまり実習期間中は学生身分で, 手当の支給はない)ことになった。そして実習を終えた後に教師資格検定を受けてこれに合格することで教師資格が取得できるように改められた[27]。

　2017年の改訂においては, 教育実習と教師資格検定の順序が変更されて教師資格検定に合格することが実習の参加要件となり, 実習の修了認定をもって教師資格が認定されるようになっている。

　師資培育法により, 教育実習の内容は教壇実習(教学実習)・生徒指導(輔導実習)・事務的な業務の実習(行政実習)および研修の4つとされている。

2.　実習校の選定

　実習校は台湾の全域にわたり, たとえば台中教育大学においては367校に実習生が配置されている[28]。実習校の設定においては, 基本的に各校が実習生を公募する形が採られている。各小中学校は, 毎年度受け入れる実習生に関して, その校種・教科・人数等をあらかじめウエブサイト上で公示し, それぞれの実習生は, その公示された情報をもとに自ら応募し, 各学校による選考(面

表 2.6　台湾の実習生の実習校選択の経緯

	専攻	実習校	選んだ理由
A	特別支援	市内公立校	自分が専攻する自閉症や ADHD の指導において優れた実績がある
B	特別支援	市内公立校	100 年以上の伝統校で定評がある
C	特別支援	市内公立校	大学の先生のすすめ（他の学校に応募したが，選考に漏れたので指導教員に相談した）
D	幼児教育	市内公立園	教材づくりに特色がある
E	英語	市内公立校	自宅に近く，自分の母校でもある
F	国語	市内公立校	学校支援ボランティアで以前関わってよく知っていた
G	英語	大学附属校	友人のすすめ

(2015 年 11 月 13 日，台中教育大学におけるインタビュー)

接・模擬授業等）を経て実習校が決定される。

　実習生の選考手順に関しては各学校に委ねられており，それゆえその学校の出身者が優先的に実習の機会を得る（いわゆる母校実習）場合もあれば，そうでない場合もある。また師範大学や教育大学の附属学校が，その大学の実習生を優先的に受け入れるとは限らない。

　台中教育大学で 2015 年に実習を行った 7 名の学生にそれぞれ実習校選定の経緯を問うた結果が**表 2.6** である。

3.　実習の実際：台中市光復国民学校

　たとえば，台中教育大学に近い台中市中区の光復國民学校[29]においては，実習生のプログラムについて**表 2.7** のように示し，年間 20 名の実習生を受け入れている（一般の実習生，音楽専科，特別支援教育の合計）。

　実習指導に関しては，実習校の教員が日常的に携わる傍ら，各大学の教員が定期的に出向いたり，期日を定めて実習生たちが大学に戻ってミーティングをもったり，という形で行われている。

　なお，卒業後の実習に臨む以前に，学士課程のプログラムの中に実習の導入的な内容をもつものが設定されるケースが多い（学生 F は，そうした機会に接し

表 2.7　実習生の実習内容（台中市中区光復國民学校）

区分	内容
教学実習	第一週から第三週は授業見学が主 第四週から授業実習を開始する（毎週 12 時間を超えない）
級務実習	学級経営・生徒指導・課外補習・学年行事への参加等
行政実習	テーマを立て，子どもたちの活動企画に参加する 教務處の業務への参加（発表会，歳末助け合い運動，スピーチコンテストなど） 学務處の業務への参加（運動会の実施等） 生徒指導関連行事（新入生歓迎会，敬老会等）
研修活動	毎週水曜日の校内研修への参加

た市内公立校を実習校に選んでいる）。光復國民学校においては，卒業後の半年間の実習のほか，台中教育大学のプログラムとしての教育参観（一日）・生徒指導ボランティア（36 時間）・短期の教育実習（三年次の夏季休暇中に一週，四年次の学期中に二週）などを同時並行的に受け入れている。

　また実習の評価に関しては，実習校と大学とが等分に関わることとなっている。評価に際しては，実習生の事後のレポート，実際の授業（教壇実習），書類作成（行政実習）などが主な素材となる[30]。こうした成果物による評価は客観性を担保するうえでは効果的であるが，将来的な教師資質を見きわめるうえで妥当か否かについては議論の余地を残している。

第 5 節　韓国

　韓国における教員養成は初等教員養成機関と中等教員養成機関によって異なる形で行われている。

　初等教員養成機関は目的養成型の体制で，国立の教育大学校[31]（10 校）と済州大学校の教育大学，梨花女子大学校，および韓国教員大学校[32]の計 13 校が初等教員養成を担当している。

　一方，中等教員の養成機関は目的養成型と日本に近い開放型の折衷型体制で，国立の総合大学や梨花女子大学校の師範大学，韓国教員大学校，国公私立

大学の各大学内で設置・運営している非師範大学の教職課程と教育関係学科（履修者数には制限が設けられている），その他教育大学院などで中等教員が養成されている。

　韓国における初等教員養成機関の教育実習の法的根拠は教員資格検定令実行規則第 12 条（専攻科目及び教職科目の履修基準と学点[33]など）である。同規則によると初等学校正教師（2 級）は専攻科目 50 学点以上（教科教育及び教科内容領域 50 学点以上で基本履修科目 21 学点以上を含め）と教職科目 22 学点以上（教職理論と教職素養 18 学点以上で教職素養 6 学点以上を含め），教育実習 4 学点以上（教育奉仕活動を 2 学点以内含むことが可能）を取得することとなっている。中等学校教師の実習についても同様に 4 学点以上（教育奉仕活動を 2 学点以内含むことが可能）となっている。また，大学は実習に必要な実費を当該学生に負担させることができ，教育実習に関する一般基準を設定する必要があるとされている。

　そして，初等学校の教員養成を担当する大学では教育実習に関する一般基準を設けて教育実習を実施することになる。全国の初等教員養成機関の教育実習の内容は**表 2.8** に示すとおりである。

表 2.8　初等教員養成機関の教育実習

大学	学年/学期	実習名	履修単位	実習期間
ソウル教育大学校	1/1–4/2	教育奉仕	P/F	40 時間
	2 月 1 日	観察実習	P/F	1 週
	2 月 2 日	参加実習	1	2 週
	3 月 1 日	授業実習	1	2 週
	3 月 2 日	運営実習	1	2 週
	4 月 1 日	総合実習	1	2 週
梨花女子大学校 初等教育科	1/1–3/2	教育奉仕	2	60 時間
	4 月 1 日	教育実習	2	4 週
韓国教員大学校	1/1–4/2	教育奉仕	P/F	60 時間
	3 月 2 日	教育実習 I	2	参観 1 週，授業 3 週
	4 月 1 日	教育実習 II	2	参観 1 週，授業 2 週，実務 2 週
春川教育大学校	1/1–4/2	教育奉仕	P/F	50 時間
	2 月 2 日	参観実習	1	2 週
	3 月 2 日	授業実習	1	2 週
	4 月 1 日	総合実習	2	4 週

お詫びと訂正

　　『教育実習の日本的構造』62-63 頁の［表 2.8］の表記に誤りがあります（訂正部分は太字）。謹んでお詫び申し上げますとともに、読者のみなさまにおかれましては、下記のとおり、**太字部分**を読み替えていただきますようお願い申し上げます。

編　者

表 2.8　初等教員養成機関の教育実習

大学	学年/学期	実習名	履修単位	実習期間
ソウル教育大学校	1/1-4/2	教育奉仕	P/F	40時間
	2/1	観察実習	P/F	1週
	2/2	参加実習	1	2週
	3/1	授業実習	1	2週
	3/2	運営実習	1	2週
	4/1	総合実習	1	2週
梨花女子大学校 初等教育科	1/1-3/2	教育奉仕	2	60時間
	4/1	教育実習	2	4週
韓国教員大学校	1/1-4/2	教育奉仕	P/F	60時間
	3/2	教育実習 I	2	参観1週、授業3週
	4/1	教育実習 II	2	参観1週、授業2週、実務2週
春川教育大学校	1/1-4/2	教育奉仕	P/F	50時間
	2/2	参観実習	1	2週
	3/2	授業実習	1	2週
	4/1	総合実習	2	4週
清州教育大学校	1/1-3/2	教育奉仕	P/F	30時間
	1/1	教育実習 I	P/F	1週
	2/2	教育実習 II	1	2週
	3/2	教育実習III	1	4週
	4/1	教育実習IV	2	6週
公州教育大学校	1/1-3/2	教育奉仕	1	60時間
	2/1	参観実習	P/F	1週
	3/2	授業実習	1	4週
	4/1	総合実習	2	4週

大邱教育大学校	1/1-4/2	教育奉仕	P/F	60時間	
	1/1	参観実習Ⅰ	P/F	1週	
	2/2	参観実習Ⅱ	P/F	1週	
	3/1	農漁村実習	1	2週	
	3/2	授業実習Ⅰ	1	2週	
	4/1	授業実習Ⅱ及び実務実習	2	4週	
釜山教育大学校	1/1-4/2	教育奉仕	P/F	30時間	
	2/1	参観実習Ⅰ（観察）	P/F	1週	
	2/2	参観実習Ⅱ（参加）	P/F	1週	
	3/2	授業実習	2	4週	
	4/1	実務実習	2	4週	
全州教育大学校	2/1-3/2	教育奉仕	P/F	30時間	
	1/1	参観実習Ⅰ	P/F	1週	
	2/2	参観実習Ⅱ	P/F	1週	
	3/2	授業実習	2	4週	
	4/1	授業実習及び 実務実習	2	4週	
光州教育大学校	1/1-3/2	教育奉仕	P/F	30時間	
	1/2	参観実習	P/F	1週	
	2/1	農漁村及び島嶼僻地参観実習	P/F	1週	
	3/1-3/2	学習指導実習	1	10週	
	3/2	教育実習Ⅰ	1	2週	
	4/1	教育実習Ⅱ	2	4週	
晋州教育大学校	2/1	教育奉仕	P/F	30時間	
	2/2	参観実習	1	2週	
	3/1	授業実習Ⅰ	1	2週	
	3/2	授業実習Ⅱ	1	2週	
	4/1	実務実習	1	2週	
済州大学校 教育大学	1/1-2/1	教育奉仕	U/S	20時間	
	2/2	参観実習	1	2週	
	3/1	授業実習Ⅰ	1	3週	
	3/2	授業実習Ⅱ	1	3週	
	4/1	実務実習	1	2週	

*出典：各大学のウェブサイトを基に作成。

清州教育大学校	1/1-3/2	教育奉仕	P/F	30 時間
	1月1日	教育実習 I	P/F	1 週
	2月2日	教育実習 II	1	2 週
	3月2日	教育実習 III	1	4 週
	4月1日	教育実習 IV	2	6 週
公州教育大学校	1/1-3/2	教育奉仕	1	60 時間
	2月1日	参観実習	P/F	1 週
	3月2日	授業実習	1	4 週
	4月1日	総合実習	2	4 週
大邱教育大学校	1/1-4/2	教育奉仕	P/F	60 時間
	1月1日	参観実習 I	P/F	1 週
	2月2日	参観実習 II	P/F	1 週
	3月1日	農漁村実習	1	2 週
	3月2日	授業実習 I	1	2 週
	4月1日	授業実習 II 及び実務実習	2	4 週
釜山教育大学校	1/1-4/2	教育奉仕	P/F	30 時間
	2月1日	参観実習 I（観察）	P/F	1 週
	2月2日	参観実習 II（参加）	P/F	1 週
	3月2日	授業実習	2	4 週
	4月1日	実務実習	2	4 週
全州教育大学校	2/1-3/2	教育奉仕	P/F	30 時間
	1月1日	参観実習 I	P/F	1 週
	2月2日	参観実習 II	P/F	1 週
	3月2日	授業実習	2	4 週
	4月1日	授業実習及び実務実習	2	4 週
光州教育大学校	1/1-3/2	教育奉仕	P/F	30 時間
	1月2日	参観実習	P/F	1 週
	2月1日	農漁村及び 島嶼僻地参観実習	P/F	1 週
	3/1-3/2	学習指導実習	1	10 週
	3月2日	教育実習 I	1	2 週
	4月1日	教育実習 II	2	4 週
晋州教育大学校	2月1日	教育奉仕	P/F	30 時間
	2月2日	参観実習	1	2 週
	3月1日	授業実習 I	1	2 週
	3月2日	授業実習 II	1	2 週
	4月1日	実務実習	1	2 週
済州大学校 教育大学	1/1-2/1	教育奉仕	U/S	20 時間
	2月2日	参観実習	1	2 週
	3月1日	授業実習 I	1	3 週
	3月2日	授業実習 II	1	3 週
	4月1日	実務実習	1	2 週

出典：各大学のウェブサイトをもとに作成。

表 2.9　実習段階別の重点指導内容（ソウル教育大学校）

実習段階	時期	期間	履修単位	内容
観察実習	2/1	1週	P/F	教育現場の実態把握 教職に対する理解と教育者の使命感認識
参加実習	2/2	2週	1	教育活動参加 望ましい担任教師の役割認識
授業実習	3/1	2週	1	教授·学習の基礎的な原理理解 教授·学習方法適用
運営実習	3/2	2週	1	教授·学習能力深化 教職実務能涵養
総合実習	4/1	2週	1	創意的な教授·学習能力伸長 教授·学習専門家としての資質涵養

出典：ソウル教育大学校ホームページ（http://www.snue.ac.kr, 2019.08.13 最終閲覧）の内容をもと
に作成。

　教育大学校においては1回で1～4週の教育実習を3～5回にわたって実施
することになる。以下本節ではソウル教育大学校の教育実習を中心に，韓国に
おける教育実習の取り組みを述べていく。

　ソウル教育大学校は教育実習の目的を「大学で学んだ教育理論を教育現場で
直接適用·検証することで，学生対象の教授·学習指導能力はもちろん，学級
経営と学校教育の遂行能力を涵養し，教師の役割を成功的に遂行できる力量を
育てることにその目的がある。これにより，教職に対する総合的な理解を図り，
教職者がもつべき正しい教育観を確立するのに貢献できる」と説明している。
それぞれの実習段階における重点指導内容は**表 2.9**のようになっている。

　各段階の教育実習校の配当は2カ月前にオンラインで申し込みする。いくつ
かの教育実習協力学校の中で希望順によって1から最後の順位まで志望学校を
入力するが，すでに実習を行ってきた学校はまず除外する。配当方法は本人の
希望順序によって割り当てられるが，第1志望が配分予定人員に満たない場合
割り当てを確定し，割当人員が超過される場合コンピューターで無作為に抽選
して割り当てる。抽選で落ちた学生は次順位の希望学校に対して同じ方法で配
分し，最後まで割り当てられていない学生は任意割り当てとなる。また，実習

校の変更は1：1の入れ替えによって可能である。

　教育実習校の配当の後，実習1カ月前には実習生の健康検診と実習学校別に予備集合がある。教育実習校で教育実習生の学年配当は観察実習，参加実習，授業の実習，運営実習，総合実習の5段階の教育実習期間中に低・中・高学年の教育実習をすべて経験できるように実習生を指定することを原則とし，特殊学級には学生配分ができない。加えて，教育実習前には大学で事前教育があり，後には事後評価会が行われる。

　一方，中等教員養成機関の教育実習は，参観および授業実習と実務実習が4週間で行われる形が基本になる。教育実習協力学校は大学側で責任をもって選定するのが原則であるが，学生が希望する場合には母校などを個別に選定することもできる。実際には，各大学が確保する実習協力学校で全学生を受け入れることは困難なため，母校実習を行う学生も多い。また，附属学校がある大学は附属学校で実習を行い，抽選によって実習生を選定することもある。教育実習校の配当の後は学科別・実習学校別の事前指導があり，大学教員と実習校の担当教員によって教科指導，生徒指導，服務など実習全般にわたるオリエンテーションが行われる。

　初等・中等ともに実習結果は勤務態度，資質，学習指導能力，研究調査活動，学級経営および事務処理能力について評価し，実習指導教師は昇進に際しての加算点が付与されるなど，インセンティブが設定されている。特に，初等の場合は教育実習協力学校に指定されると，一定の教育経歴を有する指導教師を確保する必要があり，担当教頭や部長教師などは学期開始前に教育庁で研修を受けることになっている。

〔第1～4節：岩田　康之／第5節：金　慇雅〕

注
(1) 中華人民共和国教育部（北京政府）による施策が直接及ぶエリア。中国においては香港・澳門・台湾と区別する意味で「大陸」という語が用いられるが，

英語で mainland の語が充てられることもあり，ここでは「本土」と記す。

(2) 日本教育大学協会編『世界の教員養成 I アジア編』学文社，2005 年，東京学芸大学教員養成カリキュラム開発研究センター編『東アジアの教師はどう育つか—韓国・中国・台湾と日本の教育実習と教員研修—』東京学芸大学出版会，2008 年，東アジア教員養成国際共同研究プロジェクト編『「東アジア的教師」の今』東京学芸大学出版会，2015 年など。

(3) 北京師範大学を例にとると，2020 年度の時点で 23 の「学院」のほか，3 つの「学部」と 2 つの「系」が置かれている。なお同大学の場合 2003 年より「師範類」「非師範類」の区分がなくなり，現状では教員養成を目的とした教育組織が特定できなくなっている。一般的には，学士課程段階の教育は学問領域ごとの「学院」の中に複数の専攻を置く形で行われる。「学部」は「学院」より範囲が広く，たとえば「教育学部」は教育学を専攻する学生の教育のみならず全学の教職関連科目の教育や現職研修なども担う。逆に「系」は「学院」よりも担う範囲が狭い。https://www.bnu.edu.cn/xbyx/index.htm（最終閲覧：2021 年 1 月 10 日）

(4) 香港教育学院の大学昇格過程については，岩田康之「日本の「大学における教員養成」の理論的諸課題—比較研究的視点から—」『東京学芸大学紀要 総合教育科学系 II』第 69 集，2018 年，pp.499-508 参照。

(5) 中華民國教育部「師資培育之大學一覧表」『106 年師資培育統計年報』2017 年，pp.329-339.

(6) 崔浚烈「韓国における教員の能力向上方案」，前掲注(2)『「東アジア的教師」の今』，pp.174-187.

(7) 「84-105 學年度各類師資培育核定招生名額」，前掲注(5)，p.353.

(8) 黄嘉莉「台湾の教員養成制度—質保証の観点から—」，前掲注(2)『「東アジア的教師」の今』，pp.206-224.

(9) 權東澤「韓国の教員養成機関における質保証の取り組みとその発展方案」，前掲注(2)『「東アジア的教師」の今』，pp.188-204.

(10) 教職課程登録時点（概ね二年次の始め）までの GPA で機械的に選抜する大学もあれば，面接などを行って教職志望の高さを勘案して選考する大学もある。このあたりの裁量は各大学に委ねられている。

(11) 黄嘉莉，前掲注(8)，p.215.

(12) 「教師資格検定情況」，前掲注(5)，pp.61-63.

(13) 劉益春・饒従満「開放制原則下の中国の教師教育における質保障体系の構築」前掲注(2)『「東アジア的教師」の今』，pp.64-86.

(14) この背景には，中国（本土）の東部沿岸部や，台湾，韓国などにおいて，師範大学・教育大学の附属学校がエリート校化し，保護者の意識も鋭くなりがちな事情がある。

(15) https://www.eduhk.hk/acadprog/undergrad.html(最終閲覧：2021 年 1 月 10 日)

(16) 中国(本土)においては従来，入職前の教員養成を「師範教育」，入職後の教員研修を「継続教育」と言い表してきたが，1990 年代以降，両者を包含する概念として「教師教育」の語が用いられるようになってきた。一方，台湾では「師資培育」がよく用いられる。

(17) 臧俐(訳)「中華人民共和国教育部「教師教育課程標準(試行)」(仮訳)」『東京学芸大学教員養成カリキュラム開発研究センター研究年報』Vol.12, 2013 年，pp.119-131.

(18) 饒從満「中国における教育実習の課題」岩田康之・三石初雄編『教員養成における「実践的」プログラム 中国の知見に学ぶ』東京学芸大学出版会，2019 年，pp.45-56.

(19) 鄧濤・呉宗勁「中国の大学における教育実習モデルの探索」，同上書，pp.57-72.

(20) 同上書，pp.62-64.

(21) 劉益春・饒從満，前掲注(13)，pp.78-79.

(22) いずれも北京市の都心からは 100km ほどの距離がある。

(23) 「首都師範大学初等教育学院本科卒業生教育実習計画」による。

(24) https://www.eduhk.hk/spfeo/welcome/staff/(最終閲覧：2021 年 1 月 10 日)

(25) School Partnership and Field Experience Office "Field Experience Handbook（Pre-service education programmes）2017-18"

(26) 學校協作及體驗事務處「2017 年度中小學校夥伴学校計画」

(27) 楊思偉「台湾における教員養成系大学での教育実習制度の現状と課題」，前掲注(2)『東アジアの教師はどう育つか』，pp.80-86.

(28) 同上書，p.84.

(29) https://gfes.tc.edu.tw/(最終閲覧：2021 年 1 月 10 日)

(30) 黄嘉莉，前掲注(8)，p.215.

(31) 韓国の場合，University が「大学校」と呼ばれ，総合大学を意味する。対して総合大学の中の各専門分野における教育・研究の組織は「大学」と呼ばれ，英語では School の語が充てられている。済州の場合，済州教育大学校(初等教員の目的養成機関)が 2008 年に済州大学校(総合大学)と併合し，済州大学校教育大学となっている。

(32) 1985 年設置の国立大学。初等・中等双方の教員養成と，大学院を設置。日本のいわゆる新構想教育大学(鳴門・上越・兵庫)に近い性格をもつ。

(33) 日本の大学における「単位」相当。

(34) 「教育監」は日本の教育行政における「指導主事」相当。

(35) 日本の学校における主任教諭や主幹教諭に該当する。

第3章

日本の教育実習の運営指導体制に
関する現状と課題
——質問紙調査の分析から——

第1節　問題設定

　本章の目的は，日本の教育実習の運営および指導体制について，現状と課題
を検討することである。

　教育実習は，教員免許状を取得するための必要条件であり，学校教員になる
うえでほぼ不可避と言ってよい重要な教育プログラムである。教職課程および
教員養成課程に共通して実施される教育実習であるが，その運営や指導体制は
どのような状況にあるのだろうか。そもそも，教育実習は教育学のなかでも「教
師教育」の領域で中心的に検討されてきた。たとえば，日本教師教育学会編
『教師教育研究ハンドブック』[1]では，「教育実習と学校参加体験」[2]および
「教育実習の改革」[3]という項目において，教育実習が取り上げられている。
また，教師教育の専門的なテキストにおいても，「教育実習」がひとつの巻と
して成り立つテーマでもある[4]。しかし，教育実習の運営と指導体制を網羅的
に扱う研究はほとんどない。

　本章は，日本の教育実習に関する運営や指導体制の現状と課題を明らかにす
ることを目的にする。教育実習は，実践的にも研究的にも重要なテーマである
にもかかわらず，その運営指導体制についてはブラックボックスと化している
と言ってよい。より正確には，藤枝静正『教育実習学の基礎理論研究』（風間書
房，2001年）（以下，藤枝（2001）と略記）以来，教育実習の指導体制の全体像を捉
えようとする研究が登場していないと言うべきであろう。藤枝による先行研究
の内容については，本章第3節で後述するが，なぜ教育実習の運営指導体制の

全体像を明らかにする研究がなされにくく，ブラックボックスになっているのだろうか。それは，教育実習の運営指導体制に対する関心が，概して各研究者の所属する大学や組織などのミクロな視点にとどまりがちであり，俯瞰的に全体像を捉えようとする視点には至りにくいという課題があるからである。藤枝(2001)はその課題に果敢に挑戦し，「教育実習学」という学問の重要性をうったえたのである。本章はその問題意識の延長線上に位置づく研究であり，教育実習の運営指導体制に関する現状と課題をアップデートすることを目指している。

　本章が主に分析するのは，2015年に本研究グループが実施した質問紙調査「『教育実習』の運営指導体制に関する調査」によって得られたデータである。調査票は選択式と自由記述式の設問から成り，その両者を分析対象とする。以下では，まず教育実習の運営指導体制に関する重要な提起を行った中央教育審議会「今後の教員養成・免許制度の在り方について(答申)」(2006年7月11日)を中心に，教育実習に関わる課題の要点を確認し(第2節)，先行研究として藤枝(2001)を概観(第3節)する。本章の研究方法の検討(第4節)をしたのち，教育実習運営の現状(第5節)と課題(第6節)を分析し，結論を示す(第7節)。

第2節　中央教育審議会答申による教育実習の運営指導体制に関わる問題提起

　2006年の中央教育審議会「今後の教員養成・免許制度の在り方について(答申)」(以下，2006年答申と略記)は，「1.　教職課程の質的水準の向上」の「(3)教育実習の改善・充実—大学と学校，教育委員会の共同による次世代の教員の育成—」として，こんにちの教育実習へとつながる重要な論点を提示した。

　その要点は以下の4点にまとめられる。

　第一に，大学が築くべき連携についてである。2006年答申は，教育実習の全般にわたり，課程認定大学が学校(実習校)および教育委員会と連携し，責任

をもって指導に当たる必要性を指摘した。具体的には，大学と実習校とが協力して授業案を作成することや，教材研究について指導することなど，大学教員と実習校の教員との実質的な連携の推進を求めている。

　第二に，実習生の質保証についてである。2006年答申は，教員を志すにふさわしい学生を実習校に送り出すために，大学が学生の満たすべき到達目標をより明確に示すべきであると主張する。大学が教育実習に学生を送り出す前に，その能力や適性，意欲を適切に確認し，場合によってはそれに満たない学生を教育実習に出さないという対応や，実習の中止についても提起している。

　この提起には，主観的要素と客観的要素が混在し，多少の曖昧さが含まれている。たとえば，「意欲」は学生の教員志望や教員免許状取得の意欲といった主観の範囲のものである。他方，「能力や適性」は，知識や技能を問うテストなど指標を設けることによってはじめて測定可能であり，客観的なものとも言える。中教審は，その肝心な指標について明言を避けており，具体性に欠く提案と言わざるをえない。とはいえ，「教員を志す者としてふさわしい学生」を実習校に送り出すための適切な対応を，大学に求めていることには違いない。この背景には，いわゆる「実習公害」（実習生が実習中に問題を起こし，実習校に迷惑をかけること）の問題があると推測される。実習生を送り出す大学の責任，送り出される学生の実習生としての自覚や備えるべき能力が，今後より厳しく問われるという方向性が示された。

　第三に，母校における教育実習の見直しについてである。2006年答申は，母校実習をできるだけ避ける方向で，見直しを行うよう提起した。母校実習とは，教育実習生の母校で教育実習を行うことであるが，評価の客観性の確保が課題とされている。その一方で，実習生が自身の出身地で教員になることを志す場合，その地域の教育の実情を知るうえでは母校実習が有益である。したがって，母校実習に関しては柔軟な対応が必要であること，たとえ遠隔地であっても大学と実習校との連携による実習指導が望ましいこと，実習校が適切な評価に努める重要性を答申は指摘した。

第四に，教育実習に関する地域レベルでの連携の必要性についてである。2006年答申は，都道府県ごとに教育実習連絡協議会を設置し，実習内容等について大学，教育委員会，実習校の三者が共通理解を図るとともに，実習生を円滑に受け入れていく仕組みを検討するよう提起した。こうした仕組みを通じて，実習内容や指導方法および実習生に求められる資質能力の共通理解が進み，各地域の実習生の受け入れに当たっての調整をはかることも可能になると想定されている。

以上の4点が，2006年答申における教育実習の運営指導体制にかかわる提起である。

その後，2015年12月に中教審答申「これからの学校教育を担う教員の資質能力の向上について～学び合い，高め合う教員育成コミュニティの構築に向けて～（答申）」（以下，2015年答申と記す）が出された。この答申は，教員としての就職・採用活動時期の再考について提起した。さらに，学校インターンシップと教育実習の役割分担の明確化，および，その実施における受け入れ校，教育委員会，大学の連携体制の構築を提起した。特に連携体制の構築に関しては，2006年答申と同様の方向性であると考えられる。したがって，2015年答申は，2006年答申をベースとしており，両者は同様の方向性を示していると考えられる。

さて，本章が主に分析するのは，本研究グループが2015年に実施した調査である。この調査は，2006年答申の約9年後に行われたことになる。したがって，2006年答申の問題提起が，現実としてどのようにこんにちの実習指導の課題に現れているのかが検証される。たとえば，実習生の質保証に関する取り組みは，どれくらいの組織で実施され，その取り組みの内容はどのようなものか。母校実習の見直しが提起されたが，実際には母校実習への依存度はいかほどか。こういった状況の一端が，本研究によって示されることになろう。

第3節　先行研究の検討
—藤枝（2001）による教育実習の課題の整理—

　第1節でも述べたように，本研究の重要な先行研究は藤枝（2001）である。時系列でみれば，藤枝（2001）の『教育実習学の基礎理論研究』ののちに，前節で確認した2006年答申が出された。よって，答申後の実習運営指導体制を分析できるという点は，本研究のメリットである。

　藤枝（2001）が1997年から1998年にかけて実施した質問紙調査は，自由記述による回答方式を採用し，教育実習の課題を「当事者たちの『生の声』をベースにして，そこから研究をたち上げる」ことを目指した[(5)]。藤枝（2001）の調査対象は，当時の課程認定大学のうち短大を除く国公私立の四年制大学のすべてにあたる434大学であり，280大学の回答を得た（回収率64.5%，**表3.1**）。

　藤枝が実施した質問紙調査は，2つの質問項目から成る。すなわち，「（質問項目Ⅰ）貴大学（学部）での『教育実習』」および「（質問項目Ⅱ）わが国の現行の『教育実習』」についての「問題」に関して，「とくに重要な点を，重要度順に，上位3点」の自由記述を求めた[(6)]。藤枝は回答を読み込んだうえで，記述内容を11項目に分類した[(7)]。11項目とは，(1)教育実習の理念・目的，(2)教育実習の内容，(3)大学カリキュラムとの関連，(4)教育実習の時期，(5)教育実習の期間，(6)教育実習校の確保，(7)教育実習生の問題，(8)教育実習の評価，(9)大学と実習校との関連，(10)新教育職員免許法（1998年）の問題，

表3.1　藤枝（2001）の質問紙調査概要

	調査対象数（A）	回答大学数（B）	回収率（B/A*100）
国立	78	67	85.9%
公立	33	25	75.8%
私立	323	188	58.2%
計	434	280	64.5%

出典：藤枝（2001）p.6をもとに作成。

(11) その他である。

　これら 11 項目の集計結果を見てみよう (**表3.2**)。

　「質問項目Ⅰ」(各大学の固有課題)の国公私立大学全体の結果として，「教育実習校の確保」が最も多く，回答を寄せた 280 大学中 143 大学 (全体の 51.1％) が回答した。続いて，2 番目に「教育実習生の問題」(99 件，35.4％)，3 番目に「教育実習の時期」(96 件，34.3％)，僅差で 4 番目に「大学と実習校との関連」(94 件，33.6％) が多かった。

　「質問項目Ⅱ」(実習指導体制の一般的課題)の国公立大学全体の結果として，「教育実習校の確保」が最も多く，回答を寄せた 280 大学中 91 大学 (全体の 32.5％) が回答した。続いて，2 番目に多かったのが「新教育職員免許法の問題」(66 件，23.6％)，3 番目に「教育実習生の問題」(53 件，18.9％)，僅差で 4 番

表3.2　各大学の固有課題と一般的課題の回答件数および割合 (%)

順位	質問項目Ⅰ 各大学の固有課題	件数	割合 (%)	質問項目Ⅱ 実習指導体制の 一般的課題	件数	割合 (%)
1	教育実習校の確保	143	51.1	教育実習校の確保	91	32.5
2	教育実習生の問題	99	35.4	新教育職員免許法の問題	66	23.6
3	教育実習の時期	96	34.3	教育実習生の問題	53	18.9
4	大学と実習校との関連	94	33.6	教育実習の内容	52	18.6
5	教育実習の内容	73	26.1	教育実習の理念・目的	42	15.0
6	大学カリキュラムとの関連	49	17.5	大学と実習校との関連	41	14.6
7	教育実習の理念・目的	28	10.0	教育実習の期間	29	10.4
8	教育実習の期間	23	8.2	教育実習の評価	26	9.3
9	教育実習の評価	18	6.4	大学カリキュラムとの関連	15	5.4
10	新教育職員免許法の問題	11	3.9	その他	11	3.9
11	その他	3	1.1	教育実習の時期	8	2.9

注：割合は，「件数」÷ 280 (回答大学数) × 100 で算出された値である。
出典：藤枝 (2001) pp.9-11 をもとに作成。

目に「教育実習の内容」（52件，18.6%）が多かった。なお，設置者別に質問項目Ⅰの回答の上位5項目をまとめたものが**表3.3**，質問項目Ⅱに関しても同様に**表3.4**のとおりである。

藤枝（2001）は自由記述を11項目に自身で分類し，それぞれの回答の記述内容を書籍の本文で提示している。たしかに，それは藤枝の言う通り「生の声」ではあるが，分類の基準やプロセスが見えないために分類の妥当性に疑問が残ること，および，自由記述が羅列的に提示されているにすぎないという読後感が残り，記述内容の要点が摑みづらいという課題がある。この点は，次節で検討するように計量テキスト分析という手法によって，本章は克服を試みる。また，国公私立大学という設置者別の類型のみならず，あらたに，こんにちの教員養成を提供する組織の複雑さに対応した本書独自の組織類型を提示し，それ

表3.3　質問項目Ⅰの設置者別の回答上位5項目

順位	国立大学	公立大学	私立大学
1	教育実習校の確保	教育実習の時期	教育実習校の確保
2	大学カリキュラムとの関連	教育実習校の確保	教育実習生の問題
3	教育実習生の問題	教育実習生の問題	教育実習の時期
4	教育実習の時期	大学と実習校との関連	大学と実習校との関連
5	教育実習の内容	教育実習の内容	教育実習の内容

出典：藤枝（2001）pp.9-10をもとに作成。

表3.4　質問項目Ⅱの設置者別の回答上位5項目

順位	国立大学	公立大学	私立大学
1	大学と実習校との関連	教育実習校の確保	教育実習校の確保
2	教育実習の内容	教育実習の理念・目的	新教育職員免許法の問題
3	教育実習生の問題	教育実習の期間	教育実習生の問題
4	教育実習の期間	教育実習の時期	教育実習の内容
5	教育実習の理念・目的 大学カリキュラムとの関連 教育実習校の確保	大学と実習校との関連	教育実習の理念・目的

出典：藤枝（2001）pp.10-11をもとに作成。

に基づく集計結果を提示したい。

第4節　本研究の方法

1. 調査の概要

　前節で検討した藤枝（2001）をもとに，本研究グループは，質問紙調査「『教育実習』の運営指導体制に関する調査」を2015年度に実施した。調査には，藤枝（2001）および2006年答申以降の教育実習をめぐる政策状況をみながら，選択式と自由記述式の質問項目を盛り込んだ。主な内容は，各組織の教育実習の概要（免許種，実習校等）や履修要件，教育実習の運営組織や運営の課題等についてである。調査対象は，文部科学省ウェブサイト「平成26年4月1日現在の教員免許状を取得できる大学」より，小学校教諭（一種）あるいは中学校教諭（一種）の免許状に関わる認定課程を持つ大学全576校であり，教育実習指導担当者に回答を依頼した[(8)]。したがって，本研究の分析では教育実習指導担当者の視点から見た，実習指導の現状と課題が明らかとなる。

　本調査の対象となった大学数と質問紙の回収状況は，**表 3.5** の通りである。回収率は全体として45.0％，設置別にみると国立大学が62.3％と最も高かった。藤枝（2001）の調査概要（**表 3.1**）と本調査とを比べると，国立大学の調査対象数はほぼ変わらないが，公立大学は16校増加し，特に私立大学は127校も増えた。この理由として，教員養成分野の規制緩和が進み，特に教員養成に参

表 3.5　質問紙の発送・回収状況

	発送数（A）	到達数（B）	回答大学数（C）	回収率（C/B*100）	調査票数
国立	77	77	48	62.3％	67
公立	49	49	22	44.9％	25
私立	450	449	189	42.1％	216
計	576	575	259	45.0％	308

注：私立の到達数が発送数に対して1件少ないのは，学生募集停止，閉学のため。

入する私立大学が急増したことが挙げられる⁽⁹⁾。

2. 分析の枠組み—「組織」類型の検討

　藤枝（2001）は設置者別に大学を国立，公立，私立の3類型に分類し，分析を行った。これに対して，本研究では，この3類型に加えて独自の組織類型を採用した。というのも，質問紙の返送状況として，ひとつの大学のなかで教員養成に関わる組織がひとつとは限らず，同じ大学の複数組織から返送されているケースがあったためである。表3.5において「回答大学数」と「調査票数」とが一致しないのは，この理由による。こうした回答状況を分析枠組みに反映することによって，教員養成プログラムを提供する組織の複雑さという，現場の実態に即した分析が可能になるとと考えられる。したがって，本書では，藤枝（2001）にのっとった設置者別の3類型（国立，公立，私立）に加えて，下記の3類型を採用することにした。教員養成運営組織の3類型とは，下記のa，b，cの各類型である⁽¹⁰⁾。

　1）a類型：卒業要件に教員免許の取得が課されている教員養成課程をもつ大学。主に国立大学であるが，それに加えて秀明，文教，岐阜聖徳，常葉の私立4大学が該当する（なお，この私立4大学のすべてから本調査の回答を得たわけではない）。

　2）b類型：a類型を除く，小学校の教員養成プログラムを提供する一般大学（主に私立）。小学校教員免許を取得させるためには，中学・高校といった他の学校段階の教員免許取得組織と比較して独自の組織（「教員養成を主たる目的とする学科等」）が必要であるため，類型として独立させた。

　3）c類型：a類型およびb類型を除く，主に中学校・高等学校の教員養成プログラムを提供する一般大学（国公私立）。これは，小学校教員免許を取ることのできないと組織とも言い換えられる。

　本調査の回答組織の属性を，設置者別および上記のa，b，cの3類型に分類して整理した（表3.6）。全回答組織308の内訳を大学の設置者別にみると，

表 3.6　質問紙調査に回答した組織の属性

	a 類型	b 類型	c 類型	計 1 (設置者別合計)
国立	33	3	31	67
計 1 に占める割合	49.3	4.5	46.3	100.0
計 2 に占める割合	97.1	3.8	16.0	21.8
計全体に占める割合	10.7	1.0	10.1	21.8
公立	0	2	23	25
計 1 に占める割合	0.0	8.0	92.0	100.0
計 2 に占める割合	0.0	2.5	11.9	8.1
計全体に占める割合	0.0	0.6	7.5	8.1
私立	1	75	140	216
計 1 に占める割合	0.5	34.7	64.8	100.0
計 2 に占める割合	2.9	93.8	72.2	70.1
計全体に占める割合	0.3	24.4	45.5	70.1
計 2 (abc3 類型別合計)	34	80	194	308
計 1 に占める割合	11.0	26.0	63.0	100.0
計 2 に占める割合	100.0	100.0	100.0	100.0
計全体に占める割合	11.0	26.0	63.0	100.0

私立大学が圧倒的に多く (216 件)，全回答のうち 70.1% を占める。次いで国立大学 (67 件) が多く，公立大学 (25 件) が最も少ない。次に，教員養成運営組織の 3 類型別にみると，中・高の免許を取得できる (小学校教員免許を取得できない) c 類型が最も多く (194 件)，全体の 63.0% を占める。次いで，教員養成課程ではないものの小学校教員免許を取得できる b 類型が多く (80 件)，小学校教員免許を取得できる教員養成課程である a 類型が最も少なかった (34 件)。本研究は，これらの組織類型を採用し，教育実習運営の現状と課題について分析する。

3. 分析方法

　本研究の単純集計は，1) 藤枝 (2001) に即して設置者別の集計，2) 前項で提示した本書独自の 3 類型 (a，b，c) の集計に加え，3) 1) と 2) を組み合わせた9 類型の集計結果を提示する。藤枝 (2001) では，選択式の設問がなかったこと

から，教育実習の運営指導体制の量的把握が難しかった。それに対して，本研究ではその課題を鑑み，選択式の設問を設定することで，教育実習の基本情報に関して量的把握ができるように調査を設計した。

自由記述に関しては，計量テキスト分析のためのフリーソフト「KH Coder（KH コーダー）」[11] を用いて分析を行う。KH Coder の機能のうち，「抽出語リスト」を参照すれば，自由記述の頻出語の登場回数と実際の記述内容が確認できる。また，「共起ネットワーク」と呼ばれる自由記述における関連語を視覚化する手法を用いれば，ソフトが解析した客観化した結果を図で提示することができる。自由記述の分析は，総じて分析者の恣意性を排除しづらいという課題を抱えている。藤枝（2001）の研究は，設問が 2 つしかない自由記述のみの質問紙調査であったことから，自由記述の回答自体に読み応えがある。それを藤枝が熟読し，丁寧に分類・掲載したという印象があるものの，分析の客観性という意味では課題が残る。こんにち，KH Coder という利便性の高いフリーソフトが登場したことにより，自由記述に用いられた語について客観的に結果を示したうえで，分析者が解釈を行うという手続きを踏めるようになった。本研究では，KH Coder が解析した結果を参照し，自由記述内容の傾向を見ていく手法を採る。ただし，紙幅の都合上，自由記述の一部を抜粋して記載せざるをえない。

以上の検討を経て，本研究は単純集計の結果の分析および自由記述の分析という，2 段階の分析方法を採用する。

第 5 節　教育実習運営の現状分析

1．取得可能な教員免許状の種類

まず，本調査に回答した組織で取得できる免許状を確認しよう（**表 3.7**）。組織によって，単一あるいは複数の免許取得が可能である。質問紙調査では，選択肢として「小学校」「中学校」「高校」「その他」の 4 種類の免許種を設定し，

表 3.7 分類別取得可能な教員免許状

		設置者別			abc3 類型			国立			公立			私立			計1（免許種別合計）
		国立	公立	私立	a	b	c	a	b	c	a	b	c	a	b	c	
1種類	小学校	0	1	16	0	17	0	0	0	0	0	1	0	0	16	0	17
	計1に占める割合	0.0	5.9	94.1	0.0	100.0	0.0	0.0	0.0	0.0	0.0	5.9	0.0	0.0	94.1	0.0	100.0
	計2に占める割合	0.0	4.0	7.4	0.0	21.5	0.0	0.0	0.0	0.0	0.0	50.0	0.0	0.0	21.6	0.0	5.5
	計全体に占める割合	0.0	0.3	5.2	0.0	5.5	0.0	0.0	0.0	0.0	0.0	0.3	0.0	0.0	5.2	0.0	5.5
	中学校	0	0	0	0	0	0	0	0	0	0	0	0	0	0	0	0
	高校	7	4	6	0	0	17	0	0	7	0	0	4	0	0	6	17
	計1に占める割合	41.2	23.5	35.3	0.0	0.0	100.0	0.0	0.0	41.2	0.0	0.0	23.5	0.0	0.0	35.3	100.0
	計2に占める割合	10.4	16.0	2.8	0.0	0.0	8.8	0.0	0.0	22.6	0.0	0.0	17.4	0.0	0.0	4.3	5.5
	計全体に占める割合	2.3	1.3	2.0	0.0	0.0	2.3	0.0	0.0	2.3	0.0	0.0	1.3	0.0	0.0	2.0	5.5
	その他	2	0	4	1	0	5	1	0	1	0	0	0	0	0	4	6
	計1に占める割合	33.3	0.0	66.7	16.7	0.0	83.3	16.7	0.0	16.7	0.0	0.0	0.0	0.0	0.0	66.7	100.0
	計2に占める割合	3.0	0.0	1.9	2.9	0.0	2.6	3.0	0.0	3.2	0.0	0.0	0.0	0.0	0.0	2.9	2.0
	計全体に占める割合	0.7	0.0	1.3	0.3	0.0	1.6	0.3	0.0	0.3	0.0	0.0	0.0	0.0	0.0	1.3	2.0
2種類	小・中	0	0	0	0	0	0	0	0	0	0	0	0	0	0	0	0
	小・高	0	0	0	0	0	0	0	0	0	0	0	0	0	0	0	0
	小・その他	0	0	4	0	4	0	0	0	0	0	0	0	0	4	0	4
	計1に占める割合	0.0	0.0	100.0	0.0	100.0	0.0	0.0	0.0	0.0	0.0	0.0	0.0	0.0	100.0	0.0	100.0
	計2に占める割合	0.0	0.0	1.9	0.0	5.1	0.0	0.0	0.0	0.0	—	0.0	0.0	0.0	5.4	0.0	1.3
	計全体に占める割合	0.0	0.0	1.3	0.0	1.3	0.0	0.0	0.0	0.0	0.0	0.0	0.0	0.0	1.3	0.0	1.3
	中・高	21	13	97	0	0	131	0	0	21	0	0	13	0	0	97	131
	計1に占める割合	16.0	9.9	74.0	0.0	0.0	100.0	0.0	0.0	16.0	0.0	0.0	9.9	0.0	0.0	74.0	100.0
	計2に占める割合	31.3	52.0	45.1	0.0	0.0	67.5	0.0	0.0	67.7	0.0	0.0	56.5	0.0	0.0	69.3	42.7
	計全体に占める割合	6.8	4.2	31.6	0.0	0.0	42.7	0.0	0.0	6.8	0.0	0.0	4.2	0.0	0.0	31.6	42.7
	中・その他	0	0	0	0	0	0	0	0	0	0	0	0	0	0	0	0
	高・その他	0	0	1	0	0	1	0	0	0	0	0	0	0	0	1	1
	計1に占める割合	0.0	0.0	100.0	0.0	0.0	100.0	0.0	0.0	0.0	0.0	0.0	0.0	0.0	0.0	100.0	100.0
	計2に占める割合	0.0	0.0	0.5	0.0	0.0	0.5	0.0	0.0	0.0	—	0.0	0.0	0.0	0.0	0.7	0.3
	計全体に占める割合	0.0	0.0	0.3	0.0	0.0	0.3	0.0	0.0	0.0	0.0	0.0	0.0	0.0	0.0	0.3	0.3
3種類	小・中・高	1	1	12	1	13	0	1	0	0	0	1	0	0	12	0	14
	計1に占める割合	7.1	7.1	85.7	7.1	92.9	0.0	7.1	0.0	0.0	0.0	7.1	0.0	0.0	85.7	0.0	100.0
	計2に占める割合	1.5	4.0	5.6	2.9	16.5	0.0	3.0	0.0	0.0	—	50.0	0.0	0.0	16.2	0.0	4.6
	計全体に占める割合	0.3	0.3	3.9	0.3	4.2	0.0	0.3	0.0	0.0	0.0	0.3	0.0	0.0	3.9	0.0	4.6
	小・中・その他	1	0	1	1	0	0	1	0	0	0	0	0	0	1	0	2
	計1に占める割合	50.0	0.0	50.0	50.0	0.0	0.0	50.0	0.0	0.0	0.0	0.0	0.0	0.0	50.0	0.0	100.0
	計2に占める割合	1.5	0.0	0.5	2.9	0.0	0.0	3.0	0.0	0.0	—	0.0	0.0	0.0	1.4	0.0	0.7
	計全体に占める割合	0.3	0.0	0.3	0.3	0.0	0.0	0.3	0.0	0.0	0.0	0.0	0.0	0.0	0.3	0.0	0.7
	小・高・その他	0	0	0	0	0	0	0	0	0	0	0	0	0	0	0	0
	中・高・その他	2	6	32	0	0	40	0	0	2	0	0	6	0	0	32	40
	計1に占める割合	5.0	15.0	80.0	0.0	0.0	100.0	0.0	0.0	5.0	0.0	0.0	15.0	0.0	0.0	80.0	100.0
	計2に占める割合	3.0	24.0	14.9	0.0	0.0	20.6	0.0	0.0	6.5	0.0	0.0	26.1	0.0	0.0	22.9	13.0
	計全体に占める割合	0.7	2.0	10.4	0.0	0.0	13.0	0.0	0.0	0.7	0.0	0.0	2.0	0.0	0.0	10.4	13.0
4種類	小・中・高・その他	33	0	42	31	44	0	30	3	0	0	0	0	1	41	0	75
	計1に占める割合	44.0	0.0	56.0	41.3	58.7	0.0	40.0	4.0	0.0	0.0	0.0	0.0	1.3	54.7	0.0	100.0
	計2に占める割合	49.3	0.0	19.5	91.2	55.7	0.0	90.9	100.0	0.0	—	0.0	0.0	100.0	55.4	0.0	24.4
	計全体に占める割合	10.7	0.0	13.7	10.1	14.3	0.0	9.8	1.0	0.0	0.0	0.0	0.0	0.3	13.4	0.0	24.4
計2（列の合計）		67	25	215	34	79	194	33	3	31	0	2	23	1	74	140	307
	計1に占める割合	21.8	8.1	70.0	11.1	25.7	63.2	10.7	1.0	10.1	0.0	0.7	7.5	0.3	24.1	45.6	100.0
	計2に占める割合	100.0	100.0	100.0	100.0	100.0	100.0	100.0	100.0	100.0	—	100.0	100.0	100.0	100.0	100.0	100.0
	計全体に占める割合	21.8	8.1	70.0	11.1	25.7	63.2	10.7	1.0	10.1	0.0	0.7	7.5	0.3	24.1	45.6	100.0

（左端の見出し：免許種）

複数回答を認めた。**表3.7**は，307の回答を，免許種4種類の組み合わせ（全15通り）に分類し，実数と割合を示した。

　まず，15通りの免許種の組み合わせとして最も多いのは，「中・高」の免許状を取得できる131件であり，全体の42.7％を占めた。そのなかで私立大学かつc類型が97件あり，「中・高」の免許を取得できる全組織の74.0％を占めている。

　次いで多いのは，「小・中・高・その他」の4種類すべてを取得できる組織であり，75件（全体の24.4％）であった。その内訳として，私立大学かつb類型，次いで，国立大学かつa類型が多かった。なお，本調査への回答では，「中学校」のみ，「小・中」，「小・高」，「中・その他」，「小・高・その他」の免許種の組み合わせに該当する組織はなかった。

　設置者別にみると，国立大学のマジョリティは「小・中・高・その他」の4種すべての免許状を取得できる組織で，全67の回答のうち33件と44.0％を占めた。公立大学の取得免許状のマジョリティは「中・高」の組み合わせで，全25の回答のうち，13件（52.0％）であった。私立大学においても同様に，「中・高」の組み合わせが，全215の回答のうち最多の97件（45.1％）を占めた。

　このように，設置者によって取得可能な免許状の状況は異なり，教員養成の内実もそれに応じて異なるであろうことが推測される。

2．実習校の種類

　本章第2節で検討したように，2006年答申において，母校実習をできるだけ避ける方向が望ましいことが示された。母校実習には長所と短所があり，大学に柔軟な対応を求めているのが現状である。藤枝（2001）の調査では，「実習校の確保」が「各大学の固有課題」としても，「実習指導体制の一般的課題」としても，最上位に来ていた（**表3.2**）。したがって，実習校の確保に関しては，日本の教育実習において重要な問題であり続けてきたといえる。

　では，藤枝（2001）の研究や2006年答申の後，実習校はどのような状況にあ

るか。集計結果から見てみよう（表3.8）。本調査の調査票では，選択肢として「附属・系列校」「母校」「協力校」の3つを設定し，複数回答を認めた。集計にあたり，全294の回答を，これら3つの選択肢の組み合わせ7通りに分類し，実数と割合を算出した。

　全294の回答のうち，最も多かったのは「母校のみ」の82件で，全体の全体の27.9%であった。その半数は，私立大学かつc類型の組織で行われており，41件が該当した。a類型すなわち小学校教員免許を取得させる教員養成課程では，「母校のみ」の実習は少なくとも本調査では皆無であった。これには附属校の存在が影響していよう。2006年答申で問題視された母校実習であるが，実態としては母校のみでの実習が依然として多く残り，それは特に中・高の教

表3.8　分類別　実習校のタイプ

		設置者別			abc3類型			国立			公立			私立			計1（実習校のタイプ別合計）
		国立	公立	私立	a	b	c	a	b	c	a	b	c	a	b	c	
1 種類のみ	附属・系列校のみ	2	0	1	2	1	0	2	0	0	0	0	0	0	1	0	3
	計1に占める割合	66.7	0.0	33.3	66.7	33.3	0.0	66.7	0.0	0.0	0.0	0.0	0.0	0.0	33.3	0.0	100.0
	計2に占める割合	3.1	0.0	0.5	6.1	1.3	0.0	6.3	0.0	0.0	—	0.0	0.0	0.0	1.4	0.0	1.0
	計全体に占める割合	0.7	0.0	0.3	0.7	0.3	0.0	0.7	0.0	0.0	0.0	0.0	0.0	0.0	0.3	0.0	1.0
	母校のみ	13	12	57	0	16	66	0	0	13	0	0	12	0	16	41	82
	計1に占める割合	15.9	14.6	69.5	0.0	19.5	80.5	0.0	0.0	15.9	0.0	0.0	14.6	0.0	19.5	50.0	100.0
	計2に占める割合	20.3	50.0	27.7	0.0	21.3	35.5	0.0	0.0	43.3	0.0	0.0	54.5	0.0	22.5	30.6	27.9
	計全体に占める割合	4.4	4.1	19.4	0.0	5.4	22.4	0.0	0.0	4.4	0.0	0.0	4.1	0.0	5.4	13.9	27.9
	協力校のみ	1	1	10	1	9	2	1	0	0	0	1	0	0	8	2	12
	計1に占める割合	8.3	8.3	83.3	8.3	75.0	16.7	8.3	0.0	0.0	0.0	8.3	0.0	0.0	66.7	16.7	100.0
	計2に占める割合	1.6	4.2	4.9	3.0	12.0	1.1	3.1	0.0	0.0	—	50.0	0.0	0.0	11.3	1.5	4.1
	計全体に占める割合	0.3	0.3	3.4	0.3	3.1	0.7	0.3	0.0	0.0	0.0	0.3	0.0	0.0	2.7	0.7	4.1
2 種類の併用	附属・系列校と母校	4	0	43	1	15	31	1	0	3	0	0	0	0	15	28	47
	計1に占める割合	8.5	0.0	91.5	2.1	31.9	66.0	2.1	0.0	6.4	0.0	0.0	0.0	0.0	31.9	59.6	100.0
	計2に占める割合	6.3	0.0	20.9	3.0	20.0	16.7	3.1	0.0	10.0	—	0.0	0.0	0.0	21.1	20.9	16.0
	計全体に占める割合	1.4	0.0	14.6	0.3	5.1	10.5	0.3	0.0	1.0	0.0	0.0	0.0	0.0	5.1	9.5	16.0
	母校と協力	11	11	44	0	16	50	0	0	11	0	1	10	0	15	29	66
	計1に占める割合	16.7	16.7	66.7	0.0	24.2	75.8	0.0	0.0	16.7	0.0	1.5	15.2	0.0	22.7	43.9	100.0
	計2に占める割合	17.2	45.8	21.4	0.0	21.3	26.9	0.0	0.0	36.7	—	50.0	45.5	0.0	21.1	21.6	22.4
	計全体に占める割合	3.7	3.7	15.0	0.0	5.4	17.0	0.0	0.0	3.7	0.0	0.3	3.4	0.0	5.1	9.9	22.4
	協力校と附属・系列校	12	0	2	10	2	2	10	1	1	0	0	0	0	1	1	14
	計1に占める割合	85.7	0.0	14.3	71.4	14.3	14.3	71.4	7.1	7.1	0.0	0.0	0.0	0.0	7.1	7.1	100.0
	計2に占める割合	18.8	0.0	1.0	30.3	2.7	1.1	31.3	50.0	3.3	—	0.0	0.0	0.0	1.4	0.7	4.8
	計全体に占める割合	4.1	0.0	0.7	3.4	0.7	0.7	3.4	0.3	0.3	0.0	0.0	0.0	0.0	0.3	0.3	4.8
3 種類の併用	附属・系列校,母校,協力校	21	0	49	19	16	35	18	1	2	0	0	0	1	15	33	70
	計1に占める割合	30.0	0.0	70.0	27.1	22.9	50.0	25.7	1.4	2.9	0.0	0.0	0.0	1.4	21.4	47.1	100.0
	計2に占める割合	32.8	0.0	23.8	57.6	21.3	18.8	56.3	50.0	6.7	—	0.0	0.0	100.0	21.1	24.6	23.8
	計全体に占める割合	7.1	0.0	16.7	6.5	5.4	11.9	6.1	0.3	0.7	0.0	0.0	0.0	0.3	5.1	11.2	23.8
計2（列の合計）		64	24	206	33	75	186	32	2	30	0	2	22	1	71	134	294
	計1に占める割合	21.8	8.2	70.1	11.2	25.5	63.3	10.9	0.7	10.2	0.0	0.7	7.5	0.3	24.1	45.6	100.0
	計2に占める割合	100.0	100.0	100.0	100.0	100.0	100.0	100.0	100.0	100.0	—	100.0	100.0	100.0	100.0	100.0	100.0
	計全体に占める割合	21.8	8.2	70.1	11.2	25.5	63.3	10.9	0.7	10.2	0.0	0.7	7.5	0.3	24.1	45.6	100.0

員免許を取得できる組織においてであることがわかった。

　続いて多いのが，「附属・系列校，母校，協力校」の3タイプすべてを併用するパターンであり，70件が該当し，全体の23.8％を占めた。それに次ぐのが，「母校と協力校」の併用であり，66件が該当し，全体の22.4％を占めた。

　実習校の組み合わせは7タイプあるが，「母校」を含む類型の合計（「母校のみ」＋「附属・系列校と母校」＋「母校と協力校」＋「附属・系列校，母校，協力校」）は265件あり，全294件の回答のうち90.1％を占める。この結果からも，日本の教育実習の実習校は現在もなお，母校への依存度が高いことが指摘される。また，もしも今後，さらに母校実習を禁止するなどの規制が強まった場合，実習校の確保は，現在よりも困難な状況になることが予測される。

3. 教育実習の履修要件

(1) 教育実習の履修要件の自由記述の分析

　教育実習の履修要件について，自由記述の頻出語に着目し，その全体的な傾向を探る。設問は，Q2①「貴組織における『教育実習』の履修要件の設定と運用についてお訊ねします。履修要件をお知らせください」とした。KH Coderを用いて，登場回数が100回以上の上位12語の頻出語に限定し，自由記述の回答の事例を参照してみよう（表3.9）。

　その結果，特定科目の履修・単位修得（あるいは取得）が中心になっていることがわかる。それに加えて，表3.9の記述内容から，教員採用試験の受験意志，実習委員会が定めた所定の書類の提出（たとえば「健康に関する証明書」），単位修得のみならず所定の資格・検定に合格すること，GPA値の基準などが読み取れる。しかし，「単位」という語が含まれた記述が540件と圧倒的に多いことから，所定の科目の履修や単位修得（あるいは取得）が，履修要件の中心になっているといえる。

　この点に関しては，たとえば韓国の教育実習と大きく異なる（東アジアの教育実習に関しては本書第2章を参照）。韓国では，大学における成績上位者を厳し

表 3.9　教育実習の履修要件の頻出語（出現回数を 100 回以上に限定）

抽出語	出現回数	具体的な記述（カッコ内は id）
教育	851	「教員採用試験等を受験する意志の確かな者，なお，次年度から『教育課程及び指導法に関する科目』『生徒指導，教育相談及び進路指導等に関する科目』を修得していること」(001b)，「3 年次までの『教職に関する科目』の修得単位が，所要単位数の 2 分の 1 以上であり，免許の教科教育法を履修済み」(013)
単位	540	「所定の科目の単位修得を含む，一定数の単位修得」(012)，「実習を履修する年度の前年度までに，教養教育科目及び専門教育科目の中から 50 単位以上を修得していること。参加観察実習の単位を修得していること。履修する実習に対応した事前指導の単位を修得していること」(047)
科目	530	「『教職に関する科目』のうち，大学が指定する科目の単位を修得していること」(006)，「原則として，教育実習 1・2，教育実習事前・事後指導，教職実践演習（中・高）を除く，『教職に関する科目』の単位すべてを前年度（3 年次）までに修得済みの者，『教科に関する科目』の単位を十分に修得している者」(115)
実習	451	「教育実習委員会が定める日までに『健康に関する証明書』の発行ができる状態になっていること」(001e)，「実習前に修得していなければならない科目の設定」(228)
修得	321	「3 年次までの『教職に関する科目』の修得単位が，所要単位数の 2 分の 1 以上であり，免許の教科教育法を履修済み」(013)，「配当年次 3 年までの『教職に関する科目』をすべて修得していること。『教科に関する科目』の必修科目をすべて修得していること。中学校において教育実習を行う者は，『道徳指導法』を修得していること」(296)
教職	300	「教職関連の講義の GPA により，4 点満点中の 2.0 以上を必要とする」(231)「教科に関する科目：20 単位以上，教職に関する科目：(指導法を除く) 6 単位以上，教科指導法：4 単位以上，上記修得済であること」(306)
履修	244	「教職科目の履修を終えていること」(016b)，「成績不良により進級できなかった場合は教職課程を履修する資格を失う」(024b)
教科	226	「教育実習を行う教科の『教科に関する科目』の必修科目のうち，3 分の 2 を超える科目を修得していること」(018b)，「『教科に関する科目』のうち，『教育原論』と，教科教育法の授業の単位を修得」(297)
指導	198	「卒業ゼミ所属が決定し，総単位数 70 以上を取得し，『教育実習事前指導』を履修していること」(027)，「『現代教職論』，『発達と学習』，『道徳教育の理論と方法』，『特別活動論』，『生活指導・進路指導論』の 5 科目のうち 2 科目以上の修得」(316f)
取得	123	「教職に関する科目の単位の 1/2 以上を取得していること。教科に関する科目の単位の 1/2 以上を取得していること」(044b)，「英検・TOEFL・簿記検定の取得等を要件とする」(203)
年次	123	「各教科の教育法Ⅰ・Ⅱを 3 年次に履修すること。日本漢字検定準 2 級以上を 2 年次終了時までに取得し，合格証明書（複写）を指定の期日内に提出すること」(107)
次	100	「3 年次実習は 2 年次後期までに 60 単位，4 年次実習は 3 年次後期までに 90 単位を修得しておくこと」(014)

く選別し，ほんの一握りの成績上位者が教育実習生として実習に参加すること
を許可されている[(12)]。これに対して，日本は教育実習に参加するに足るだけ
の履修状況，単位修得があれば，教育実習に参加することができるという「最
低ライン」の基準を設定している。つまり，実習に参加するための要件の厳し
さが，韓国と日本では異なるということである。

(2) 主観的要素と客観的要素の確認

　2006年答申は，教育実習を履修する学生が満たすべき到達目標を示すこと
や，意欲を適切に確認する必要性に言及した。とりわけ，「意欲」に関しては，
教育実習を履修するための「主観的要素」と言い換えて問題なかろう。そのう
え教育実習の履修前に学生の「能力」を確認する取り組みの充実についても主
張した。教育実習生の能力は，具体化すれば知識・技能とも言い換えられ，意
欲という主観的要素に対して「客観的要素」と位置づけることもできる。では，
主観的要素と客観的要素の確認は，教育実習に向けての指導のなかで，どれほ
どの組織で，どのような内容として行われているのか。その現状について把握
する。

　本調査では，Q2「貴組織における『教育実習』の履修要件の設定と運用に
ついてお訊ねします」としたうえで，Q2②「履修要件の中に，主観的な要素
（例・教職志望の強さ等）はありますか」，Q2③「履修に際して，学生の知識・
技能をチェックする取り組み（例・実習前の統一テスト等）をされていますか」と，
それぞれ有無をたずねた。「有」と回答した場合には，自由記述にてその判定
方法や取り組みについて具体的に記述してもらった。

　設問に対して，「有」と回答した96の組織について，「主観的要素のみ」「知
識・技能のチェックのみ」「主観的要素と知識技能のチェックの両方」の3タ
イプに分けて，実数と割合を示した（**表3.10**）。

　96の組織のうち，もっとも多かったのは「主観的要素のみ」を確認してい
る組織であり，49件が該当した（51.0％）。次に多いのは，「知識・技能のチェッ

クのみ」の 33 件（34.4%），最も少ないのは「主観的要素と知識・技能のチェックの両方」を行う組織の 14 件である（14.6%）。なお，質問紙は 308 組織より返送された（**表3.5**）ことから，主観的・客観的要素等を確認する取り組みを実施している 96 組織は，全体の 31.2% にとどまり，依然として少数派である。したがって，主観的・客観的要素のチェックは，教員養成の大部分に普及しているとは決して言えない状況である。

　取り組み別にみたところ，「主観的要素のみ」「知識・技能のチェックのみ」「主観的要素と知識・技能のチェックの両方」のすべてにおいて，私立大学が最も多く実施していることがわかる。「主観的要素のみ」を実施する 49 件のうち，最も多いのが私立大学かつ c 類型の 26 件（53.1%）であった。「知識・技能のチェックのみ」および「主観的要素と知識・技能のチェックの両方」においても，同様である。

　次に，設置者別にみると，国・公・私立大学ともに，「主観的要素＞知識・技能のチェック（＝客観的要素）＞両者の併用」の傾向が読み取れる。さらに，a，b，c 3 類型別にみると，小学校免許を取得させる教員養成課程においては，「主観的要素のみ」「知識・技能のチェックのみ」が 1 件ずつしかなく，これらの確認自体がほとんど行われていない。それに対して，c 類型は計 68 件が何ら

表3.10　教育実習の履修における主観的要素，知識・技能のチェック

		設置者別			abc 3 類型			国立			公立			私立			計1（要件別合計）
		国立	公立	私立	a	b	c	a	b	c	a	b	c	a	b	c	
履修要件	主観的要素のみ	6	5	38	1	13	35	1	1	4	0	0	5	0	12	26	49
	計1に占める割合	12.2	10.2	77.6	2.0	26.5	71.4	2.0	2.0	8.2	0.0	0.0	10.2	0.0	24.5	53.1	100.0
	計2に占める割合	66.7	62.5	48.1	50.0	50.0	51.5	50.0	100.0	66.7	—	—	62.5	—	48.0	48.1	51.0
	計全体に占める割合	6.3	5.2	39.6	1.0	13.5	36.5	1.0	1.0	4.2	0.0	0.0	5.2	0.0	12.5	27.1	51.0
	知識・技能のチェックのみ	2	2	29	1	11	21	1	0	3	0	2	0	0	11	18	33
	計1に占める割合	6.1	6.1	87.9	3.0	33.3	63.6	3.0	0.0	3.0	0.0	6.1	0.0	0.0	33.3	54.5	100.0
	計2に占める割合	22.2	25.0	36.7	50.0	42.3	30.9	50.0	0.0	16.7	—	25.0	—	—	44.0	33.3	34.4
	計全体に占める割合	2.1	2.1	30.2	1.0	11.5	21.9	1.0	0.0	1.0	0.0	2.1	0.0	0.0	11.5	18.8	34.4
	主観的要素と知識・技能のチェックの両方	1	1	12	0	2	12	0	0	2	0	0	0	0	2	10	14
	計1に占める割合	7.1	7.1	85.7	0.0	14.3	85.7	0.0	0.0	7.1	0.0	0.0	0.0	0.0	14.3	71.4	100.0
	計2に占める割合	11.1	12.5	15.2	0.0	7.7	17.6	0.0	0.0	16.7	—	—	12.5	—	8.0	18.5	14.6
	計全体に占める割合	1.0	1.0	12.5	0.0	2.1	12.5	0.0	0.0	1.0	0.0	0.0	0.0	0.0	2.1	10.4	14.6
計2（列の合計）		9	8	79	2	26	68	2	1	6	0	0	8	0	25	54	96
	計1に占める割合	9.4	8.3	82.3	2.1	27.1	70.8	2.1	1.0	6.3	0.0	0.0	8.3	0.0	26.0	56.3	100.0
	計2に占める割合	100.0	100.0	100.0	100.0	100.0	100.0	100.0	100.0	100.0	—	—	100.0	—	100.0	100.0	100.0
	計全体に占める割合	9.4	8.3	82.3	2.1	27.1	70.8	2.1	1.0	6.3	0.0	0.0	8.3	0.0	26.0	56.3	100.0

かの確認を行っており，組織類型によってその実施状況が異なることがわかった。

(3) 主観的要素の確認方法に関する自由記述の分析

　主観的および客観的要素の確認は，2006年答申で提起されたものの，集計結果から，全体としての実施率は低いことがわかった。では，実際に何が行われているのかを見てみよう。主観的要素のチェックの実施は，ケース数自体が49件と少ないからこそ，教育実習に向けての指導実践の参考事例として，有益な情報となるであろう。

　主観的要素の頻出語の回数と，その具体的な記述をまとめたものが**表3.11**である。**表3.11**によると，学生の意志の確認として，学生との面談（コミュニケーションや学修状況等に問題があると思われる学生に対する面談を含む），教職に就く意志の確認，教員志望の確認，教員採用試験の受験の意志確認，レポート・誓約書・理由書の提出などが行われていることがわかった。なかには，学生本人と教員のみならず学生の保護者とのコミュニケーションを記載する組織もあった。

(4) 客観的要素（知識・技能）のチェックに関する自由記述の分析

　続いて，知識・技能などの客観的要素のチェック方法について見てみよう。知識・技能のチェックについて，**表3.11**と同様にまとめたものが**表3.12**である。

　表3.12によると，TOEICや英検，漢検といった外部の各種資格検定試験の活用，課程や各科目で行っている独自のテストによる知識・技能のチェック，GPA値などの数値基準，ピアノの実技試験，指導案作成や模擬授業に対する評価を基準とした取り組み等が実施されていることがわかった。

　特に，独自のテストは，センター試験レベルや高校受験レベルなどの記載があることから，その水準には組織によって大きく開きがあると推測される。レベルの設定は，学生の学力水準をもとにしていると考えられ，教員養成教育を受ける学生の学力差が大きいことが推測される。

表 3.11　主観的要素のチェックに関する頻出語（出現回数を 15 回以上に限定）

抽出語	出現回数	具体的な記述（カッコ内は id）
教職	44	「各種の教職課程ガイダンスならびに教職担当教員の授業での学生との交流を経て，適宜，判定している」(028)，「教職に就く意志を確認するレポート」の提出を課している」(031)，「教職につく気持ちのない学生には実習を辞退するよう指導」(231)，「「現代教職論」(教育の意義等に関する科目)を指定科目としており，本科目を通じて教職志望の強さ，自身の適性について深く考えさせるよう位置づけている」(316k)
教員	31	「教育実習前年度の教育実習予備登録時には教職課程委員会担当教員による面談を課し，意志確認を行っている」(201)，「教員志望の意志がみられないと思われる学生には教職課程担当教員が面談を行う」(211)，「教員採用試験受験誓約書を提出させている」(367)
実習	27	「「実習履修者審査」を実施，①「志願理由書」を事前に提出させ，②面接試験を実施する。教職科目担当教員の合議により判定。」(119)，「教育実習の前年度に行う登録の際に，教職に就く意志の確認を行っている」(280)
教育	21	「教育実習参加申込書に「教員採用試験受験予定日の有無」欄を設け，受験意思のない学生については，申し込みを受け付けない」(037)，「教育職員に就く意思があること。(教員採用試験を受験すること)」(295)
担当	17	「教員志望の意志がみられないと思われる学生には教職課程担当教員が面談を行う」(211)，「教職課程担当教員複数名による面接を経て，履修資格を認定」(331)
履修	17	「選考は，教員採用試験を受験する意思が明確で教職としての適性が認められること，履修科目に未修がなく，成績上位者であること等を評価して行う」(024b)，「授業の出欠状況・授業態度が明らかに悪い学生に面談をし，教職の志望動機などについて詳しく聞き，教職課程履修に相応しくない場合には，教職課程履修の辞退を促す。ただし，最終的な判断は本人に任せている」(387)
面談	16	「「教育実習指導」の授業の出席状況，個人面談」(337b)，「教職担当教員で協議し，面談とそれまでの修学結果を踏まえて，教育実習に不適格(特に，対人関係を構築することが困難で，コミュニケーション上の問題がある場合)であると考えられる場合には，本人および保護者と連絡をとり，再度協議する」(350)
学生	15	「「教職志望学生として著しく不適切な言動があると認められた場合，実習許可を取り消す場合がある」と明記している」(268)，「教員採用試験の受験予定であるか等について調査を行い，教員志望を明確にしてい学生を対象としている。」(315a)
行う	15	「教員としての就職を希望することが要件であり，そのように指導も行っている」(224)，「教員採用試験の受験申込をしている等，教育実習担当教員が確認を行う」(315b)
判定	15	「判定方法は特にないが，上記のとおり教員としての就職を希望することが要件であり，そのように指導も行っている」(224)，「ガイダンスでの自己申告から判定する」(358b)

表 3.12　知識・技能のチェックに関する頻出語（出現回数を 15 回以上に限定）

抽出語	出現回数	具体的な記述（カッコ内は id）
実習	42	「外国語学部学生が英語の教育実習を行う場合のみ，実習前年度末までに TOEIC 等の検定試験の基準点を満たすことを要件としており，基準点を満たさない者に対しては，自習学習教材を課している」(006)，「主免教育実習の事前指導内において，「教育実習参加自己診査」を実施している。本診査は，教育実習の参加にあたって，教師としての資質能力や社会人として必要な基礎知識等，実習場面を想定した設問を通して，資質や能力を自己評価することを目的としている」(036)，「教育実習前年度の 9 月に，学力テストを実施している」(224)
教育	40	「3 年次後期末までの教育実習事前指導における模擬授業や，面接等を実施して，知識・技能・適性等のチェックを行っている」(102)，「教育実習申し込み前に適性試験（ピアノ弾き歌い）を実施」(268)，「1，2 年次での基礎教育講座や演習の科目の中で日本語学習や漢字学習（漢検 3 級，準 2 級程度）を踏まえた筆記試験と個人面接」(284a)
試験	21	「在学中，定期的に英語の資格試験を受験するように指導している」(122)，「3 年次秋学期に実施する教科教育法の中で，各教科のセンター試験レベルに相当する模擬試験を課し，不合格だった場合 4 年次の教育実習を履修させていない」(323)，「教職課程一般教養試験」(343)
実施	20	「音楽の授業の指導に必要な最低限のピアノ演奏技術を見る「教職プレースメントテスト」を実施し，認定を受けなかったものは，「教職の基礎」の受講を義務付けている。「教職の基礎」の終了時にも「教職プレースメントテスト」を実施し再挑戦の機会を設けている」(202)，「「教育実習 2」(4 年次通年）の初回授業で，教職課程主任作成の漢字テストを実施し，誤字脱字に気を付けるように指導した」(387)
履修	18	「基本的技能の確保（TOEIC スコア等）を履修要件としている」(101)，「「教科教育法」の履修条件として，以下の試験への合格を課している。・数学基礎学力試験（数学の「教科教育法」）」(348)
授業	17	「理科及び数学教育課程論の授業の一環として，中学理科（高校受験）レベルの知識内容理解度をチェックする取り組みを行っている。また，前ページに記載した「教育実習 I」の授業は，模擬授業が中心となるので，その中で教務スキル等の一部をチェックする事が出来る」(230)，「教育実習事前指導にて指導案作成や模擬授業実施を行い，学生の知識・技能をチェックしている」(286)，「「教育実習指導（事前）」(3 年次に履修）において，授業の最終回に到達度評価試験を行い，合格しなければ 4 年次の教育実習は履修できない」(341)
指導	16	「実習前の事前指導にて，確認テストの実施」(024b)，「GPA が 2.4 を超えること。この基準に達しない場合は，担当教員の補導指導を受け，実習派遣に足ると認定される必要がある」(287)，「教育実習事前指導での取り組み及び学校インターンシップ活動による評価」(318b)
教職	15	「教職課程以外の科目も含めた通算 GPA3.0 以上を目安として提示している。基準に達しない場合は個別指導または教育実習の派遣を中止する」(186)，「各学科ごとに教職委員を中心として学科教員全員が関わる仕方で，教職課程履修に必要な学力や単位取得状況，英検や漢検などの検定資格取得状況をチェックし，個別面接している」(338)

第6節　教育実習運営の課題に関する分析

1. データの概要と教育実習運営の課題の2分類

　2015年に実施した質問紙調査では，教育実習の運営に関わる課題の全体像を探る意図で，Q5「各組織における貴組織における『教育実習』の運営における問題点・課題として重要と思われるものがありましたら，差し支えない範囲で以下にお書きください。」と尋ね，自由記述の回答を求めた。この設問は，藤枝（2001）による調査の「（質問項目Ⅰ）貴大学（学部）での『教育実習』についてとくに問題となっている点」の自由記述の設問に対応している（藤枝（2001）の設置者別の結果は**表3.3**参照）。

図3.1　教育実習運営の課題に関する共起ネットワーク（出現回数20回以上の語）

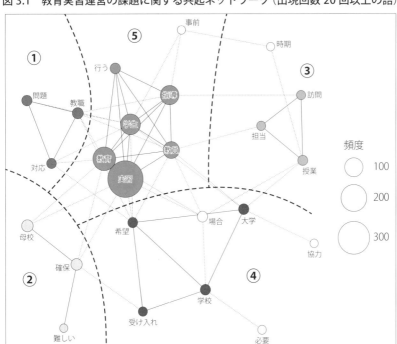

注：「思う」「考える」といった一般語を，分析から除外。①〜⑤は表3.13の①〜⑤に対応。

表 3.13　教育実習運営の課題に関する具体的な記述例

		問題	語	具体的な記述（カッコ内は id 番号）
組織的課題	①	教職課程の問題対応	教職, 問題, 対応	「対応する教職課程委員会のメンバーの数が少なく，特定の教師に負担がかかることもある」(288)，「初等教職課程と中等教職課程が個別に「教育実習」の運営を行っているため，教育委員会等との調整や，指導体制が統一されていないことが問題である。「教職支援センター」を開設し，これらの問題点等の解決を図る予定である。」(296)
	②	母校以外の実習校確保の困難	母校, 確保, 難しい	「実習校の確保（母校でも受け入れ不可が増加）」(300)，「実習校の確保に際しては，母校実習以外の方法が強く求められるようになるほど，特定の利害関係が生じうることが予想（懸念）される」(330)，「実習校の依頼が難しい。本来，母校実習はひかえることになっていると理解しているが，教育現場では未だ母校実習原則としている地区があること」(339)
	③	訪問指導担当者の負担	訪問, 授業, 担当	「遠隔地の実習校への訪問と他の担当授業との調整」(243)，「学科により実習学生数が異なり，訪問校指導担当教員の負担の軽重が大きい」(274)，「教員養成課程で教育実習は重要な内容であると考えるが，それぞれ多くの授業担当をしながらその推進をしている現状の中で，専念できるスタッフの不足がある」(342)
	④	大学と学校のあいだの調整の困難	希望, 受け入れ, 学校, 大学	「大学と附属学校・園との協働による，学生の実践的指導力育成のためのプログラム開発」(014)，「教育実習受け入れ校の規模の縮小や教員の配置などから，実習生の受け入れ許可人数と実習希望人数に差があり，配属に苦慮している」(020)，「学生の専攻教科や希望時期，学校側の受け入れ教科と実習時期などとのマッチングが難しい」(021)，「教育実習の巡回指導などを考えた場合，大学近郊の学校での実習が多く実施されることが望ましいと考えるが，現状では教育実習校が母校に限られる傾向がある」(334b)
指導的課題	⑤	教育実習を行う学生の指導, 学生の資質能力の課題	教育, 実習, 指導, 行う, 教員, 学生	「学習意欲や態度等について問題のある学生の把握及び当該学生に対する指導体制（実習期間中でも，実習校に負担をかけないよう，所属コース教員と実習担当教員との協働体制の構築が必要）」(036)，「教育実習期間中に実習生が行うべき最低限の事項について，共通基準の設置が必要だと思われる。学校間での違いが大きすぎ，実習生の不公平感が懸念される。実習校評価についても同様である」(041b)，「母校での実習を基本としているため，遠方で実習する学生の指導体制が迅速でないこと，また，不十分になりがちであること」(106)，「大学，実習校，大学教員，実習校教員，それぞれにおいて負担が非常に大きい」(110d)，「就職活動の8月選考開始に伴い，教育実習期間中に選考と重なり，教育実習を辞退する学生が多くなった」(211)，「実習における学生の授業力不足指摘」(252)，「教育実習に伴う学生の資質の確保」(263)，「現在，実習を受け入れる地域や学校を十分に確保できていないため，実習校の割り振りに苦労している。そのため居住地から遠く離れた学校で実習を行う学生もいる」(317b)，「指導を行っても実習に出るレベルに達しない学生を判断する客観的基準を設定すること」(366)

2015年調査では308の調査票が返送され，Q5に回答した組織は222件であった（72.1％）。記述内容の全体像をつかむために，計量テキスト分析を行うフリーソフト「KH Coder」を用いて，共起ネットワークを作成した（**図3.1**）。なお，一般語である「思う」「考える」という語は分析対象から除き，出現回数20回以上の語に限定した。

　共起ネットワーク（**図3.1**）のサブグラフは5つ見いだされた。それぞれの内容を**表3.13**とあわせて見ていこう。

　①は，「教職課程の問題対応」があげられる。教職課程委員会や教職支援センターによる教育実習の問題対応が記述されている。②は「母校以外の実習校確保の困難」である。2006年答申は母校実習の見直しを提起したが，母校以外の実習校を確保することに伴う困難や，地域によっては未だ母校実習が原則とされている場合もあることが記述されている。③は「訪問指導担当者の負担」である。遠隔地の訪問をしつつ，大学での通常の授業を担当することの困難や，指導にあたるスタッフの不足，実習生数によって実習指導の負担のばらつきがあるという問題が記述されている。④は，「大学と学校のあいだの調整の困難」である。実習生の受け入れ，大学と実習校の実習指導関係の構築，実習生と実習校の受け入れる教科や実習時期のマッチングの困難が記述されている。⑤は「教育実習を行う学生の指導，学生の資質能力の課題」である。教育実習の指導上の課題として，学生の実習指導を行う教員の連携が必要であることや，実習生の授業力不足・資質の確保といった諸課題が指摘される。

　以上を簡単にまとめると，サブグラフ①から④までが「組織的課題」，サブグラフ⑤が「指導的課題」と，大きく2つの課題に分類できる。したがって，2015年調査の教育実習の課題は，組織と学生指導の2つの要因に整理される。

2．組織類型別の回答傾向の違い

　次に，組織類型別に教育実習指導の課題を検討する。組織類型という名義変数と，自由記述の回答から取り出された語との対応分析を行った[13]。**図3.2**

は対応分析によって抽出された最初の2つの成分を用いた同時布置図で，これらの成分の累積寄与率は75.73%であった。

　図3.2における名義変数の布置を見る。設置者でみると「国立」が左側，「公立」と「私立」が右側に布置されているが，特に「私立」は原点(0,0)にもっとも近い位置にある。対応分析において原点に近い語は，出現パターンに取り立てて特徴のない語である[14]。「私立」が原点に近いということは，「私立」周辺に布置される語は，設置者によって使用頻度の差のない一般的な語であるということである。それに対して，a類型が左下，b類型が右下，c類型が右

図3.2　組織属性と教育実習運営の課題の対応分析

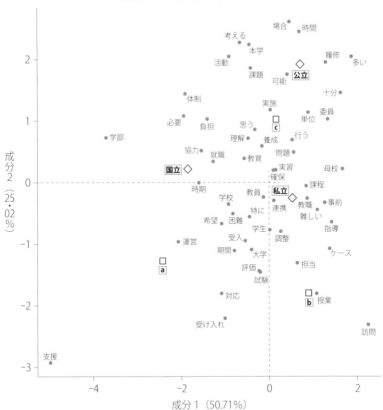

上に布置されている。これらのことから，組織類型によって回答内容の傾向が異なることが示される。

　では，設置者別，a，b，c 3類型別にどのような回答が見られたのかを，実際に見ていきたい（**表3.14**）。対応分析の結果の読み取りのポイントとして，第一に，原点付近は取り立てて特徴のない語が布置される。第二に，原点から見た名義変数の方向性に布置される語が，その名義変数に顕著な語であり，原点から離れているほど，その方向にある名義変数の特徴を表す語ということになる。

　設置者別に見ると，国立大学は「学部」「必要」「協力」「体制」「負担」，公立大学は「多い」「時間」「可能」「履修」等の語が特徴的である。私立大学はほぼ原点に布置されていることから，私立大学に特筆される特徴は見いだしづらく，実習指導の課題における一般的な語として「事前」「教職」「連携」「指導」「難しい」等が確認される。他方，a，b，c 3類型別に見ると，a類型では「支援」「運営」，b類型は「訪問」「授業」，c類型は「実施」「単位」「委員」「理解」といった語が特徴的である。

　具体的な記述を見てみよう（**表3.14**）。国立大学は，「学部」や「体制」といった組織的な問題，その中身として理解や「協力」を挙げている。しかし，「協力」に関しては，学内の教員の「協力」のほか実習の「協力」校の確保といった問題がある。公立大学は，実習生が守るべき守秘義務に関する指導の「時間」や，教職課程を「履修」する学生が「多い」といった記述があり，指導に関わるエネルギーの問題があることが確認された。また，母校実習が「多い」こと，通勤「可能」な実習校が限られているという実態から，実習校の確保が課題として浮かび上がる。この点は，上記の国立大学にも通ずる課題である。私立大学は，対応分析の布置図（**図3.2**）でみれば原点に近いため，私立大学特有の課題というよりも一般的課題として読み取るべきだろう。内容としては，「教職」センターの運営，「教職」実践演習という授業科目に関する課題，教育実習の「事前」指導に関わる苦労が読み取れる。教育実習までの限られた時間の中で，いかに学生の主体性を育てられるか。学生の意識を高め，教師としての使命感

表 3.14　組織類型別の教育実習指導運営の課題

	語	具体的な記述（カッコ内は id）
	学部	「専門学部による教育実習への理解の促進と連携」(024a)
国立	必要	「よりきめ細やかな指導のためには，全学のより積極的な協力と外部のサポート体制が必要であろう」(015)，「都道府県によって，独自の手続きが必要なところがあり，事務的には煩雑になっている」(030)，「教育実習期間中に実習生が行うべき最低限の事項について，共通基準の設置が必要だと思われる」(041b)
	協力	「学内教員の理解と協力」(023)，「4年時における実習協力校の確保と受け入れ調整」(021)，「母校以外の協力校の教育実習依頼（開拓）が困難」(271)，「全学組織になったばかりのため，文学部以外の教員の協力が得られづらいこと」(295)
	体制	「将来母校実習が出来なくなった場合，トラブルが増加すると予想されるが，対応する体制の構築の見通しが立たない」(006)，「「同一都道府県内をはじめとする近隣の学校において実習を行う」ことを実現するためには，教育委員会等と今までよりも緊密な連携をとり，必要な事務体制等を整備する必要がある」(013)
	負担	「実習期間中でも，実習校に負担をかけないよう，所属コース教員と実習担当教員との協働体制の構築が必要」(036)，「対応する教職課程委員会のメンバーの数が少なく，特定の教師に負担がかかることもある」
公立	多い	「教職を希望する生徒が多いため，実習を受け入れていただく学校を探し，お願いすることが多きな負担となっている」(115)，「母校実習が多いため，普段からの実習校との相互交流が十分でない点は，課題である」(120)
	時間	「実習における守秘義務の遵守については，これまで以上に時間とエネルギーを割いて指導を行わなくてはならない」(199)，「遠方の訪問指導に，主として時間的・人的制約のせいで，行きづらい点」(287)，「教務的に「実習」は担当教員の担当時間数に含まれないため，実質ボランティアである」(379c)
	可能	「学生の出身校で実習することを避けるようにしているが，大学周辺には，学生が通勤可能な学校数が限られており，必要十分な実習校の数を確保することが物理的に難しい」(122)，「客観的な要素で「ふさわしくない」と判断することが可能かどうか。（判断して良いのか。）」(316a)
	履修	「履修カルテを活用したきめの細かい指導が十分にできていない」(267)，「単位修得状況以外の教育実習履修要件をどう整備するべきか。現実には，必要な単位を修得し実習へ送り出しても，途中でドロップアウトしたり，十分に教育実習をやり遂げることができない学生がでてきているため」(285)，「教職課程履修学生が多くなればなるほど母校以外の受入先を見つけるのが困難となる」(344)
	連携	「大学教員が地域の教育界にメリットをもたらすことが出来る連携体制の構築」(017)，「実習校の確保，実習校との連携の取り方（特に遠隔地）」(101)，「受入先と大学との協力・連携を充実させたいが，時間的に限界がある」(290a)，「発達障害の可能性のある実習生の教育実習については，実習校との連携をどのように行えばよいか，課題として挙げられる」(320)，「事務との連携（本来は教員のやるべき仕事ではないものもあるが，役割分担が難しい」(377)
	教職	「教職を卒業後の進路としない場合の就職活動との両立（特に内定時期後ろ倒しによる就職活動の実質的長期化との問題）」(006)，「全学的な組織で教職課程の運営を行うこと」(204)，「取得可能な資格の1つとして学生が志望するため，多くの学生は教職の道へ進んでいないこと。また，大学としても教職課程科目は卒業要件ではないため課程の維持が困難であり，オプションとして資格課程を開講しているため実質的な指導・フォロー体制及び教員の配置が難しい現状であること」(312)，「教職センターの教員が実習関係の指導者の中心となっていないところ。評価も含めて，教職センターが中心となるようにしたいが，センターのスタッフが不足している。」(380)

私立	指導	「現在のところ，教職の専任教員だけで個別指導も可能となっているが，よりきめ細やかな指導のためには，全学のより積極的な協力と外部のサポート体制が必要であろう」(015)，「実習期間中の「中間指導」を考えてはいるが，実施できてはいない」(107)，「発達障害学生を教育実習に行かせる場合の指導方法等が問題点」(246)，「学習指導案を作成する際，規格的に書き方を理解しても，なかなか独自の指導案を創造することが困難な学生が多く，実習先で実習校の先生に手取り足取り面倒を見てもらってしまう学生が年に数人いること」(256)，「実習校における指導担当教員の方針によって，厳しく指導される場合もあれば，ほとんど指導らしい指導をされない場合もあり，実習先によって学びの量・質が大きく異なることが課題であると感じる」(303)
	難しい	「学生の専攻教科や希望時期，学校側の受け入れ教科と実習時期などとのマッチングが難しい」(021)，「学部教員の総数が削減されるなかで，教育実習の運営と指導を担当する教員の確保が難しくなる」(024c)，「学生の出身校で実習することを避けるようにしているが，大学周辺には，学生が通勤可能な学校数が限られており，必要十分な実習校の数を確保することが物理的に難しい」(122)，「情報，中国語，韓国・朝鮮語での実習先確保が難しい」(264)，「養成系大学と異なり実習対象者数が一定しておらず，実習校との継続的な連携が難しい。特に，特別支援学校教育実習では協力校の確保が難しい」(347)
	事前	「4年生の教育実習報告会に1，2，3年生にも参加すれば教育実習の事前指導になるのだが，すべての学年が参加できるような時間割調整が難しく，実施できない」(251)，「年々手とり足とりしてもらってきた学生が増え，自分から動くということができない（気付かない）学生がふえてきていること。20年近くそれで育っているので，事前指導期間だけではなおらない」(207)，「教員志望の学生と単なる免許状取得希望学生では意識に差があり，事前指導の段階で苦慮している」(261)，「事前指導において教職への意欲が低い学生については，教師としての使命感などの重要性などについてうまく指導が伝わらない」(303)
	教職	「教職センターの教員が実習関係の指導者の中心となっていないところ。評価も含めて，教職センターが中心となるようにしたいが，センターのスタッフが不足している」(380)，「秋学期実習の学生（実習校の都合による）が教職実践演習と重なり運営が困難となる」(291)
a類型	支援	「特別支援の実習を希望する学生が増えてきているが，実習校の受け入れ人数が限られる」(024d)，「精神的な疾病のため教育実習を終えることができない者への支援等の対応」(043)
	運営	「教育実習の運営に学生の自主的な活動を導入すること」(024a)，「全学的な組織で教職課程の運営を行うこと」(204)
b類型	訪問	「すべての教育実習校訪問ができない」(271)，「訪問する教員には訪問マニュアルを配付し配慮すべき事項を周知し，訪問記録の提出を求めている。ただ，その記載内容にバラツキも認められる」(340)
	授業	「実習における学生の授業力不足指摘」(252)，「教育実習希望者が多く，教育実習前段階で身に付けさせたい力（模擬授業などを通した実践的能力）があったとしても，カリキュラムとして位置づけることができていない」(347)
c類型	実施	「実習期間中の「中間指導」を考えてはいるが，実施できてはいない」(107)，「教育実習を実施するための条件は超えているが，教員としての資質（性格等）に欠けると思われる学生への指導の仕方」(316b)，「履修科目，単位数によって，実習要件としているが，精神的な面，コミュニケーション能力の面をどう具体化して，実施基準を作成するか検討中」(361)
	単位	「単位修得状況以外の教育実習履修要件をどう整備するべきか。現実には，必要な単位を修得し実習へ送り出しても，途中でドロップアウトしたり，十分に教育実習をやり遂げることができない学生がでてきている」(285)，「近年，教育実習に必要な教職課程に関する単位だけでなく，卒業要件に係る単位を修得していない学生も出てきている。その場合，教育実習を辞退しているため，早い段階（2年生・3年生）から単位等を確認しておく必要性がある」(316d)

委員	「「同一都道府県内をはじめとする近隣の学校において実習を行う」ことを実現するためには，教育委員会等と今までよりも緊密な連携をとり，必要な事務体制等を整備する必要があると考えている」(013)，「対応する教職課程委員会のメンバーの数が少なく，特定の教師に負担がかかることもある」(288)，「東京都教育委員会が提唱している「(大学教員が教育実習校へ) 2 回訪問するルール」は大学教育への影響 (休講の増加) がある」(317b)，「教育実習を地元教育委員会と連携して実施していることになっているが，現実には学生の出身校に依頼する割合が高くなっている」(360)
理解	「学内教員の理解と協力」(023)，「専門学部による教育実習への理解の促進と連携」(024a)，「「教科に関する科目」の専任教員の「教育実習」に関する理解が若干弱い」(110c)

をもたせられるか。このように自由記述の回答からは，大学で教育実習指導を担当する者たちの切実な「生の声」が読み取れる。

　また，小学校教員免許状を取得できる教員養成課程である a 類型は，「支援」や「運営」という語が特徴的である。「支援」としては，特別「支援」学校の実習校確保の困難さ，精神的な疾病をもつ学生「支援」等の対応があり，「運営」としては教育実習や教職課程の「運営」が課題である。b 類型は，実習校「訪問」と実習生の「授業」力といった，実習指導を行うスタッフの訪問指導の負担と，学生が身につけるべき能力に関わる内容が読み取れる。中高の免許を取得できる一般大学を指す c 類型の課題は，実習に向けての (あるいは実習中の) 指導の「実施」に関わる課題と，「単位」修得以外の教育実習の履修要件の設定や，「単位」修得に困難を抱える学生への指導が挙げられている。

　以上が，日本の実習指導体制の課題に関する，自由記述の概要である。一言でまとめることは難しいが，教員養成に関わる組織 (学内，実習校，教職センター等) の内部および組織間の関係の問題，教育実習に派遣する学生の指導や支援の困難が，教員養成に携わる者たちの抱えている課題といえるだろう。

3. 藤枝 (2001) と 2015 年調査の自由記述の比較分析
―藤枝 (2001) のデータの復元による 2 時点比較の可能性

　本節の冒頭でも確認したように，本研究グループによる 2015 年調査には，藤枝 (2001) による教育実習の課題に関する自由記述に対応する設問を設けた。

この2時点の調査票は全体的な設計が異なるが，自由記述の設問の主旨は一致していることから，一定の比較可能性が認められる。本節の最後に，2時点の自由記述の比較分析を試みたい。

　分析に先立ち，藤枝(2001)の「国立大学の具体的な課題」(pp.14-21)，「公立大学の具体的な課題」(pp.33-37)，「私立大学の具体的な課題」(pp.42-59)の自由記述の回答およびそのID番号を表計算ソフトのシートにすべて入力した。藤枝(2001)は「ここで引用する文章は，回答者の意見を正確に読者に伝えるために，可能な限り回答の原文に従っている」と記している。したがって，その記述をすべて入力することによって，藤枝が分析に用いたデータの復元が，完全とまではいえないが，現状では最大限可能な範囲でなされたといってよいだろう。

　まず，1997年から1998年にかけて実施された藤枝による調査と，2015年調査の自由記述における頻出上位150語をKH Coderによって導き出した(**表3.15**)。「実習，教育，学生，指導，教員」の5語は，2時点の調査ともに上位5語を占めており，その順位も変わらぬほど，教育実習をめぐる課題を語るうえで普遍的な語であることがわかる。藤枝(2001)の調査では，以降に「期間」「免許」「試験」「採用」等の語が続き，実習期間や免許状，採用試験に関わる問題が頻繁に挙げられていたと推測される。一方，2015年調査では，「母校」「確保」「受け入れ」「訪問」等の語が確認され，母校を含む実習校の確保，実習生の受け入れの問題や，訪問指導に関する課題が頻出したと推測される。

　次に，藤枝(2001)調査と2015年調査のそれぞれの自由記述において，特徴的な語を検討しよう。KH Coderの「関連語検索」機能を用いて，両調査の自由記述全体に比して，藤枝(2001)データにおいて特に高い確率で出現する語，同様に2015年データにおいて特に高い確率で出現する語をリストアップした(**表3.16**)[15]。表中のJaccardの類似性測度の値は，0から1までの値をとり，関連が強いほど1に近づくという性質がある[16]。

　Jaccardの類似性測度の値をみると，藤枝(2001)調査においては「問題」や「大学」等の語，2015年においては「実習」「教育」「学生」等の語が頻出して

表 3.15　藤枝（2001）および 2015 年調査の頻出上位 150 語

藤枝（2001）調査

抽出語	出現回数	抽出語	出現回数	抽出語	出現回数
実習	540	十分	19	検討	9
教育	162	あり方	18	厳しい	9
学生	143	科目	18	実際	9
指導	132	希望	18	就く	9
教員	112	対応	18	中学校	9
問題	112	充実	17	低下	9
大学	80	商業	17	難しい	9
期間	67	卒業	17	不足	9
教職	63	附属	17	例	9
就職	59	課程	16	異なる	8
免許	57	関係	16	強い	8
試験	54	研究	16	現状	8
採用	51	辞退	16	後期	8
授業	51	東京	16	専門	8
活動	47	意識	15	体制	8
教科	42	学部	15	大変	8
事前	42	欠席	15	伴う	8
多い	40	体験	15	理由	8
学校	39	大きい	15	バッティング	7
高校	39	減少	14	可能	7
確保	36	工業	14	会社	7
困難	36	重なる	14	教育庁	7
取得	33	出身	14	講義	7
受け入れ	33	単位	14	実践	7
企業	32	方法	14	受ける	7
実施	28	介護	13	中学	7
訪問	28	教師	13	調整	7
事後	27	状況	13	通達	7
履修	27	中心	13	都下	7
少ない	26	不十分	13	目的	7
場合	26	カリキュラム	12	養成	7
増加	25	現場	12	学力	6
時期	24	受け入れる	12	感じる	6
協力	23	出る	12	関心	6
内容	23	得る	12	含める	6
意欲	22	遠隔	11	基準	6
行う	22	傾向	11	基礎	6
必要	22	受験	11	求める	6
母校	22	選考	11	教壇	6
一般	21	委員	10	限界	6
公務員	21	拒否	10	行く	6
志望	21	公立	10	差	6
時間	21	資格	10	作成	6
次	21	週間	10	事情	6
参加	20	生徒	10	謝金	6
担当	20	態度	10	取る	6
年次	20	直前	10	受講	6
評価	20	6月	9	小学校	6
負担	20	月	9	成立	6
教官	19			専任	6

2015 年調査

抽出語	出現回数	抽出語	出現回数	抽出語	出現回数
実習	377	時間	10	依頼	6
教育	158	負担	10	意識	6
学生	121	本学	10	学年	6
指導	105	科目	9	基準	6
教員	80	教科	9	求める	6
母校	41	検討	9	教師	6
確保	38	現場	9	苦慮	6
教職	36	参加	9	欠席	6
学校	32	受け入れる	9	見る	6
行う	32	条件	9	厳しい	6
場合	32	大きい	9	現状	6
大学	32	低下	9	高校	6
問題	32	得る	9	今後	6
希望	31	特別	9	参観	6
授業	30	判断	9	事後	6
対応	30	不足	9	質	6
担当	26	スタッフ	8	実践	6
受け入れ	25	学科	8	受講	6
訪問	25	関係	8	充実	6
必要	23	現在	8	重要	6
事前	21	行く	8	情報	6
時期	21	採用	8	生徒	6
難しい	21	志望	8	全学	6
協力	20	出身	8	中学校	6
特に	20	専門	8	日程	6
課程	19	増加	8	避ける	6
就職	18	附属	8	文科	6
多い	18	方法	8	方針	6
期間	17	カリキュラム	7	要件	6
困難	17	センター	7	意欲	5
連携	17	異なる	7	学期	5
課題	16	遠い	7	学習	5
実施	16	事務	7	感じる	5
活動	15	辞退	7	含む	5
学部	14	実質	7	傾向	5
体制	14	取得	7	現実	5
委員	13	修得	7	限る	5
履修	13	重なる	7	差	5
ケース	12	出る	7	資質	5
調整	12	巡回	7	人数	5
評価	12	障害	7	組織	5
理解	12	専任	7	多く	5
可能	11	増える	7	適性	5
受入	11	態度	7	発達	5
十分	11	段階	7	伴う	5
単位	11	内容	7	補講	5
養成	11	能力	7	優先	5
運営	10	免許	7	予定	5
支援	10	お願い	6	すべて	4
試験	10			コミュニケーション	4

いることが読み取れる。

　より具体的な記述内容の特徴を述べてみたい（**表3.17**）。2時点とも諸課題が山積していたことが記述より読み取れるが，藤枝（2001）データにおいては，実習と「大学」の「授業」，実習の「期間」，教員「免許」，教員「採用」「試験」，「就職」「活動」との関わりといった，教育実習とそれに派生する課題が特徴的である。他方，2015年データは，「学生」の質や進路の「希望」の問題，「教員」の体制など「実習」「指導」という「教育」にかかわる問題と，「母校」実習にかわる実習校の「確保」の問題が特徴的である。

　この分析結果の考察を深めてみよう。再び**表3.2**を参照すると，藤枝（2001）における各大学の固有課題の上位には，「教育実習校の確保」と「教育実習生の問題」があげられている。しかし，**表3.16**から示されたのは，これら2つの課題に関する記述が2015年の自由記述において特に顕著であるという結果である。なぜならば，2015年の自由記述データを特徴づける語として，「確保」「母校」や「学生」「指導」といった語がリストアップされたからである。「教育実習校の確保」と「教育実習生の問題」は，たしかに藤枝（2001）において多くの大学が記述したことは藤枝（2001）の集計より明白であるが，2時点の自由

表3.16　藤枝（2001）と2015年調査の「教育実習の問題点・課題」を特徴づける語

藤枝（2001）調査		2015年調査	
問題	0.150	実習	0.331
大学	0.105	教育	0.244
期間	0.092	学生	0.204
就職	0.080	指導	0.167
免許	0.080	教員	0.143
試験	0.071	確保	0.084
授業	0.068	母校	0.079
活動	0.066	教職	0.077
採用	0.065	行う	0.074
多い	0.056	希望	0.070

数値はJaccardの類似性測度

表 3.17　藤枝 (2001) と 2015 年調査の特徴語に関する具体的な記述

調査年	語	具体的な記述 (カッコ内は id 番号)
藤枝 (2001) 調査	問題	「教育実習協力校確保の問題がある」(56)，「教員志望でない学生の教育実習の問題がある」(59)，「実習が卒業要件となっている制度的問題」(68)，「教育実習期間中の就職活動 (一般企業・公務員試験等) の問題がある」(341)，「中学校と高等学校での教育実習期間の違いから生じる学生指導の問題がある」(431)，「教職一本で進路を考えている学生は熱心に取り組むが，企業と併願している学生の意欲に問題がある」(484)，「教科関係の成績が良くとも，基本的な常識や幅広い教養の不足，人格，人間性に問題を感じる学生が多い」(460)
	大学	「大学の通常の授業に支障をきたしている」(392)，「大学の授業が成立していない場合がある」(58)，「大学と附属学校 (園) で共同して教育・研究できる場の設置や，十分な人員配置がなされていない」(49)，「実習協力校にとって，実習生の受け入れはかなりの負担であるが，それに見合う経済的保障が大学としてできない」(120)，「実習期間がバラバラで大学の授業に支障をきたす」(288)
	期間	「実習期間が 5〜6 月に集中するため，大学の授業を欠席せざるを得ない」(5)，「実習期間が長いと学生が耐えられない，また二重履修も問題となる」(14)，「教育実習期間が長いため大学の正規の授業，実験，実習時間を犠牲にしている」(56)，「実習校に学生をおくりだしても，身勝手な理由で実習期間中に実習を放棄したり，実習開始直前に辞退したりする者があり，こうした学生の指導や現場の学校への対応に苦慮している」(112)
	就職	「教育実習期間と就職活動の時期が重なる場合がある」(25)，「採用人数が極めて少ないため，教員志望の学生といえども，企業への就職活動とかけもちせざるを得ない」(111)，「4 年次の就職活動を顧慮して 3 年次を実習実施年としているが，一部の実習受け入れ校で「指導力はどうか」という懸念の声がある」(433)
	免許	「実習生のモラルおよびモラールの低下の問題がある (教員採用状況の悪化に伴い，実習への姿勢が単に卒業のため，免許取得のためのものになっている)」(14)，「教員になる志望がないにもかかわらず教員免許状を取得しておきたいと考える学生がいる」(132)，「免許教科国語と英語についての基礎学力が不十分である」(454)
	試験	「ほとんどの企業が 5〜6 月に採用試験を行っており，丁度実習期間と重なり，学生は困惑している」(202)，「教員の採用が厳しい情勢にあるので就職内定すると，教員採用選考試験を取りやめ，教員免許は将来のためにとっておくという者が出ている」(212)，「実習校によっては 9・10 月実習で，定期試験と重なることがある」(517)
	授業	「附属学校においては，実習生の受け入れ人数が多くなる場合もあり，授業時間の確保が難しい (とくに副免許の二週間実習)」(44)，「研究授業への参加のための教官旅費の手当ができない」(53)，「教材研究，授業における生徒理解，学習指導案の作成など，どれをとっても不十分なまま実習校に行かせてしまっている」(311)，「事前・事後指導において，いわゆる多人数クラスもあり，実践的指向をふまえた授業の工夫に苦慮している」(430)，「授業担当能力に疑問を感じさせる学生がいる」(511)
	活動	「教育実習が時期的に就職活動 (会社訪問等) とバッティングする」(101)，「教育実習生は教科の実習のみならず，学校教育活動全体に関係する」(328)，「現場における教育活動を観察しきれない」(395)

	採用	「採用数の減少への対応をどうするか」(26)，「教員採用の実情から比較的早い時期に教員以外の職業を考える学生と，どうしても教員になろうとする学生とでは意欲が違ってくる」(54)，「教員の採用が厳しい情勢にあるので就職内定すると，教員採用選考試験を取りやめ，教員免許は将来のためにとっておくという者が出ている」(212)
	多い	「学校側の負担も多い」(14)，「採用状況の厳しさで意欲を失う者も多い」(68)，「実習生の意欲と資質の低下原因としては，理系のため実習科目が多く，教職カリキュラムに限界があること」(272)，「母校での実習を拒否される例が多くなってきている」(296)
2015年調査	実習	「より一層教育実習の質的充実を図る必要がある」(001e)，「母校実習の申し込み時期が早まってきている」(008)，「彼らが教育実習を行う場合に，教員になる意志に欠けるという印象を与えることがある」(010)，「教育実習中にメンタル面で不調をきたしたり，トラブルを起こしたりした実習の対応」(020)
	教育	「個々の大学教員の教育実習指導のあり方」(18)，「実習の3年次移行にともなう教育実践カリキュラムの充実整理の問題がある」(30)，「各学部，研究科の専門教育カリキュラムとの調整が重要な課題」(010)，「教育実習校（附属学校園を含む）の教育力の低下」(023)
	学生	「今日の学生は，気軽にホームページへの書き込みを行ったり，ラインを多用している」(119)，「指導はしているが，実習生としての自覚の足りない学生も存在すること」(243)
	指導	「担当教員が1名なので，指導が万全とは言い難い」(219)，「巡回指導の日程等の調整の難しさ」(307)
	教員	「実習期間中でも，実習校に負担をかけないよう，所属コース教員と実習担当教員との協働体制の構築が必要」(036)，「教育実習受講生数に対し教職課程の専任教員数が少ないので，一人ひとりの受講者に十分な指導を行えない点が最大の問題である」(311)
	確保	「実習校の確保，実習校との連携の取り方（特に遠隔地）」(101)，「事前実習の時間の確保が難しい（専門科目の授業に支障をきたすとの理由）」(133)
	母校	「文科省の方針では，母校実習ではない方法を指示しているため，母校実習をいつまで続けられるか心配である」(259)，「母校が中心になるので，県外の場合は，電話やインターネットでのやりとりや指導になる」(356)
	教職	「教職希望の強い学生と，あまり強くない学生の双方に全く同じ内容の教育実習を課すことの是非」(54)，「対応する教職課程委員会のメンバーの数が少なく，特定の教師に負担がかかることもある」(288)
	行う	「学生が実習に置いて，十分な準備のもとに授業を行う道義的責任があることへの認識が不十分である」(490)，「対象学年が4年次生であるため，教育実習を行う時期と就職活動を進める時期が重複する」(003)
	希望	「一般企業・公務員を希望する学生の実習に臨む姿勢・態度について」(002)，「教員免許状の複数取得希望者が多いので，授業の過密履修となっている」(50)，「就職は一般企業を目指すが，教免だけ取得希望」の学生も居り，彼女たちのモチベーションを如何に上げるか」(270)

記述データを計量テキスト分析した結果，2015 年にそれらの問題に関する語の出現が特に顕著であったことになる。

　したがって，2 時点比較の結果から，「教育実習校の確保」と「教育実習生の問題」は，2015 年において顕著に自由記述として書き込まれるようになり，その困難は深刻化してきたといってよいだろう。藤枝が調査した時点ですでに重要な問題であったが，それが解決されぬまま 2015 年調査ではより困難な状況に至っているという解釈ができる。「教育実習校の確保」については，とりわけ 2006 年答申の影響による母校実習の見直しと，それに代わる受け入れ先の確保の困難の影響があると考えられる。「教育実習生の問題」については，教員養成教育を受ける学生に限らないことかもしれないが，大学生の気質の変化や学力の格差といった問題が，教員養成教育の水準を保つことに困難をきたしている状況が考えられる。教育実習を経験するにふさわしい資質能力を備えた実習生を現場に送り出すことが，より困難になっているという実習指導担当者の実感が自由記述の 2 時点比較から浮かび上がってきた。

第 7 節　結論

　本章は，日本の教育実習に関する政策的動向，先行研究，分析を行ううえでの組織類型について検討し，取得できる免許状の種類，実習校，教育実習の履修要件，主観的要素や知識・技能をチェックする取り組みについての現状と，教育実習の運営および指導体制の課題を示した。

　本章の知見は以下の 3 点にまとめられる。

　第一に，教育実習校の確保をめぐる困難についてである。実習校の確保は，藤枝（2001）調査の結果，教育実習に関する最優先課題であった。さらに，2006年答申によって，母校実習の見直しについての提起がなされたことから，実習生を受け入れてくれる協力校探しは課題となった。つまり，実習校の確保は，長らく日本の教育実習の課題であったといえる。2015 年調査の結果，「母校の

み」で実習を行う組織は全体の27.9%，母校を実習校として含めている組織の合計は90.1%にものぼる。したがって，現在もなお実習校として母校への依存度が高いことが明らかになった。今後，母校実習を禁止する等の規制がより強まった場合，実習校の確保がさらに困難な状況になることが予想される。

　したがって，実習校の確保は，今後も教育実習運営の課題のひとつとして位置づくと考えられ，その具体的な対処方法の模索が課題である。その方策のひとつとしては，2006年答申や2015年答申にも指摘されているように，大学が地域（実習校と教育委員会）との連携関係を築き，母校に依存しない実習指導体制を構築することが挙げられるだろう。しかし，大学が所在する「地域」には，その環境にバラツキがあるため，連携関係の構築をめぐる事情は各々異なることが予想される。

　第二に，教育実習の履修要件についてである。2015年調査より，教育実習の履修要件は，所定の科目の履修や単位修得（あるいは取得）が主となっていることが明らかになった。他方，教育実習の履修に際しての主観的・客観的要素のチェックは，2006年答申の問題提起のひとつであったが，実際にそうした取り組みを実施している組織は，本調査に回答した組織の31.2%にとどまった。したがって，こうした取り組みが普及しているとは決していえない状況である。主観的要素のチェックは，主に学生の教員志望や教員採用試験受験の意志確認を目的に行われている。その手段として，学生との面談，レポートや誓約書等の書面の提出が行われている。なお，学生との面談は，そうした意志の確認のみならず，成績やコミュニケーションに難のある学生に対する面談としても行われていることが，自由記述から読み取れた。他方，客観的要素のチェックとしては，GPA値などの数値基準，各種資格試験の利用，各組織の独自のテストによる知識・技能のチェック等が行われている。こうした具体例は，わずかな事例しか確認されていないことから，客観的要素のチェックに関する先行事例となるだろう。教育実習生としてふさわしい人物を現場に送り出すことが求められ始めているこんにち，こうした方策は今後より多く実施されていくので

はないだろうか。

　第三に，教育実習運営の課題についてである。大別すると教員養成に関わる組織的課題と，学生に対する指導的課題が見いだされた。前者としては，大学と実習校との関係（実習校確保や連携・協力体制，実習校での指導のあり方を含む），大学内の協力関係に基づく教育実習の運営（学部，教職課程，教職センター等）のあり方，後者としては，学生指導（意欲低下，就職活動との両立等）やその指導体制などがあることがわかった。教育実習の課題のうち，藤枝（2001）が整理した各大学の固有課題の上位に位置づく「教育実習校の確保」と「教育実習生の問題」に関する語は，2015 年の自由記述ではより顕著に出現していることがわかった。

　したがって，実習校の確保や教育実習生の問題は，解決や改善に向かっているどころか深刻な状況にあると見てよいだろう。こうした状況のなかで，教育実習のあり方をめぐる新たな提言がなされ続けるならば，教育実習の運営は厳しさを増していくのではないだろうか。たとえば，教育実習の指導や運営にかかわる大学教員のマンパワーの不足や多忙化は，教育実習の運営の質に直結する深刻な問題である。また，教育実習の履修について，単位修得状況という最低ラインの基準を設定するという日本のあり方は，大学全入時代における実習生の知識や技能の質の担保という点では課題になり，ひいては教員免許状取得者の質，教壇で子どもの前に立つ教師の質にも関わってくる。こうした諸課題に真剣に向き合い，解決策を探ることが，今後の教員養成の質を左右することになるのではないだろうか。

　もとをたどれば，「開放制」という日本の教員養成の特色は，こんにちにおいては必ずしもメリットばかりを生んでいるわけではないのかもしれない。しかし，そのメリットがより高まり，デメリットが最小限に抑えられる施策はいかにして可能だろうか。教員養成に携わる私たちは，こうした問題関心をもち，自身の所属する組織が直面する卑近な問題に目を奪われ，労力を費やすばかりでなく，教育実習を含むシステムとしての教員養成および教師教育のあり

方にこそ視野を広げて，より質の高い教員の育成について考え続けていかねばならない。

〔早坂 めぐみ〕

注

(1) 日本教師教育学会『教師教育研究ハンドブック』学文社，2017 年.

(2) 望月耕太「教育実習と学校参加体験」，同上書，pp.242-245.

(3) 原清治「教育実習の改革」，同上書，pp.346-349.

(4) 編集代表三輪定宣『教師教育テキストシリーズ』の第 15 巻として，高野和子・岩田康之編『教育実習』学文社，2010 年が刊行された。

(5) 藤枝静正『教育実習学の基礎理論研究』風間書房，2001 年，p.4.

(6) 同上書，p.13.

(7) 同上書，pp.7-8.

(8) 質問紙の冒頭に，「実際に実習指導をご担当になっておられる方より，ご回答をお寄せください」と記載し，回答の依頼をした。

(9) 岩田康之・米沢崇・大和真希子・早坂めぐみ・山口晶子「規制緩和と『開放制』の構造変容―小学校教員養成を軸に―」日本教師教育学会編『日本教師教育学会年報』第 28 号，学事出版，2019 年，pp.30-40.

(10) 今日の教育実習をめぐる問題構造と分析視角および組織類型の整理については，本書第 1 章を参照されたい。

(11) 樋口耕一『社会調査のための計量テキスト分析―内容分析の継承と発展を目指して―』ナカニシヤ出版，2014 年.

(12) 岩田康之・大和真希子・山口晶子・早坂めぐみ「『開放制』原則下の実践的教師教育プログラムの運営に関する研究 (2)：実習指導体制と実習生の意識に着目して」東京学芸大学教員養成カリキュラム開発研究センター『教員養成カリキュラム開発研究センター研究年報』vol.15, pp.31-42.

(13) 10 回以上出現した上位 60 語に対象を絞って分析を行った。あまりに多くの語を分析に用いると，布置図が語で埋まってしまい，読み取れなくなってしまうからである。

(14) 樋口，前掲注 (11)，p.42.

(15) 樋口，同上書，p.39.

(16) 同上.

第4章
実習指導の実際と実習生の受けとめ（1）
——日本の場合——

第1節　はじめに

1. 日本の教育実習をめぐる「力関係」

　質問紙調査の分析から前章では，日本の大学における実習指導体制の現状を，実習校の確保，履修要件や指導担当者，事前指導・ガイダンス，事後指導等から詳しく確認した。その中では，指導案や模擬授業といった授業実践に関する内容と並行して，学生の態度や立ち居振る舞いに関する事前指導を多くの大学が行っていることが明らかとなった。その内容や程度は大学によって異なるが，スーツの着用，アクセサリー類の禁止，頭髪のほか，挨拶・言葉遣い，児童・生徒との適切な距離感，時間厳守，健康管理など実習生としての「ふさわしい身なり・適切なふるまい」を課している点で概ね共通しているといえよう。

　こうした大学での事前指導を「日本特有の実態」[1] と指摘した岩田は，日本では実習校を確保する時点で，各実習校やそれを管轄する教育委員会に大学が「お願いをする」という力関係が生じ，ゆえに実習生への指導の範囲は教科指導を超え，教職意識や使命感，服装・髪型，態度等に及んでいると述べる。換言すれば日本では，明示的かつ統一的なルールは必ずしも存在しないが，実習校の方針を忖度する形で大学の事前指導が行われ，細かな部分については実習校の指示に学生が従う，という構図が定着している[2] ことになる。

　では，日本の学校現場では，実習生の身だしなみや立ち居振る舞いに関して，実際どのような指導がなされ，学生たちはそれらの指導をどのように受けとめているのだろうか。

2. ソウルと香港の状況から見えてくるもの

　本章では，この問いに迫るための前提として，海外での教育実習の状況を概括しておきたい。まず，香港，ソウル，台中，北京，上海，長春での参与観察を行った岩田によれば，スーツを着用する実習生が皆無であり，かれらは大学のキャンパス内で過ごすのと同様の服装で実習に臨んでいるという。実習指導を担当する教員（大学・実習校）も基本的には学生の自主性に任せ，授業や生徒指導，学級経営に関する指導をメインに行おうと考える傾向がある[3]。また，日本とのこうした違いを「学生の実感」から示しているのが，東アジア4都市（東京，上海，香港，ソウル）の実習生の意識調査（2017年）である。この調査の中で，「実習校でのみだしなみに気を遣った」および「実習校での礼儀態度に気を遣った」という項目に関する学生の意識に焦点化し，「強くそう思う」と回答した割合をみると，それぞれ東京が51％と75％，上海が6％と22％，香港は27％と36％，ソウルは41％と48％であり，いずれも東京の値が最も高い[4]。

　東京以外のエリアに関しては次章にて詳述するが，ここでは上記した日本の特徴をより明確に可視化させるためにソウルと上海の状況を簡単にみておこう。すでに序章第3節で述べたように韓国では，小学校の教員養成プログラムを提供するのは10の教育大学校を含む13校に限られ，そこに参入できる学生数も政府によって3,000人台に抑えられている。同じく量的な絞り込みを行う一般大学の教職課程も，学内の優秀な学生が集まる構造となっている。よって，こうしたいわゆる閉鎖制をとる韓国で教員を志す者は，単に教職意識が高いだけでなく，難易度の高い入試や学内での選抜試験などの厳しい競争に勝ち抜いてきた自負とある種のステイタスを得ることとなる。そのため，学生に対する教育実習校からの信頼は厚くなり，身だしなみや礼儀作法に関する細かな指導の比重はおのずと小さくなるわけである。これは，ソウルの実習校でのヒアリング調査（2015年7月）[5]で，身だしなみに関する指導はあまり厳しくしていない，とする指導教員の次の言及からも明らかだ。「基本的に大学生なのだから，人権には配慮して，自由にさせてあげている」という実習校側の対応には，教

育実習を「子どもを相手にした指導体験」として位置づけながら，その中で学生たちの授業実践力を支えようとする学校現場の姿勢が読み取れる。

　また，日本と最も数値の開きが大きい上海では，小学校段階から教科担任制が導入されている（香港も同様）ため，大学の教育組織も基本的に「教科」単位である。そして実習校には，同じ教科の学生が複数同一校に配属されるため，実習指導も当然，教科ごとの組織体制で行われ，それは日常的な大学での学生指導の延長線上に位置づけられる[6]。つまり上海では，当該教科を専攻する学生，大学での当該の教科教育を指導する教員，実習校の当該の教科担当教員の三者の連携の下，実習が行われることになるのだ[7]。このため，実習生を送り出す側（大学）との齟齬が生じにくい学校現場では，実習生の服装・言葉遣い・態度よりも，必然的に教科の専門性を軸とした授業実践に指導やアドバイスの比重が置かれやすくなるといえる。

　筆者らが2016年に上海で行った学生（4年生）へのインタビュー調査[8]の結果も，それを裏づけるものであった。学生の1人は，担当教員への挨拶や標準語（上海語ではなく普通話）の使用と同時に，「カジュアルすぎる服装は禁止だがフォーマルであればよい（フォーマルすぎる必要はない）し，髪型は自由」であった実習校の方針に対してこう述べる。「不満はない。実習校から服装や言葉づかいについて要求がなかったとしても自分で心がけたと思う」。別の実習校で類似した指導を受けた別の学生は，筆者の質問（服装などの指導についてどう思ったか）に「違和感はない。実習に行けば1人の教師になるわけだから」とやや不思議そうな面持ちで語った。このような反応は，実習校での指導がこの学生の学び（授業実践や学級経営など）といかにフィットしていたかを示す証左であり，疑問が生じえない事柄についての筆者からの質問に，率直に驚いたために表出されたものといえる。

3. 学生の声から明らかにしたいこととは何か

　もちろん，上記の調査結果や学生の反応のみを根拠に，日本の学校現場が総

じて身だしなみや礼儀作法において学生に過度な緊張を強いている，と断定するのは適切ではない。東京の学生の「実習校の教員に親しみを感じた」割合は他エリアと大差なく，「実習校の児童たちへの親しみ」については88％，「実習校の先生は熱心に指導してくれた」ことに関して75％が「強く感じる」と回答し，どちらも他エリアを上回っている。実習後の「教育課題への理解の深まり」の実感も高いことを踏まえると，日本の実習校の雰囲気や児童・教員との関わりが，学生にとって肯定的な経験となっていることも，また事実である。

　しかし，着目すべきは，教科指導や学級経営に関する自信についての項目である。東京は他エリアよりも「全く感じない」と「あまり感じない」と回答した割合が際立って高い[9]のだ。換言すれば，日本の教育実習生の多くは実習校で関わった教員に感謝の念や親しみをもちながら，身だしなみ・礼儀作法といった外形的な部分に対して特に強い緊張感を抱き続け，実習を終えてもなお，教職のコアとなる学級経営や授業実践では自信をもてない状況にある，ということになろう。

　では，なぜ，物理的距離がさほど大きくない東アジアの諸地域と比べ，日本の実習生が抱く緊張感や自信の乏しさは顕著なのだろうか。その背景・要因とは何なのか。

　もちろん，配属校・教育委員会との関係や指導体制等，他エリアとのシステムの違いは無視できないファクターである。日本の実習生が抱く授業準備や生徒指導の苦労の大きさは，教科単位での実習体制が整備され，教科指導を主目的とする他エリアとの違いによるものと解釈できる。しかし，気遣いや緊張感，自信のなさ等，他エリアの学生には見いだせない心性が生み出される背景には，体制・制度的側面だけでなく，礼儀，服装，立ち居振る舞いを指導事項として重んじ，それを「適切な実習生像」と合致させる日本の特質が潜んでいるのではなかろうか。そして，この部分に肉迫するためには，教育実習の体制や指導内容を「外部」から論じるのではなく，実際に学校現場に身を置いた学生個々の経験と，その経験に対するかれら自身の認識・解釈を抽出することが不可欠

となる。

　本章では，こうした問題意識をベースに，前章で確認できた実習指導体制や内容が，実習校や大学側ではなく学生自身にもたらした意味を，かれら自身の語りから描き出したい。具体的には，日本の3大学（大都市圏の国立教員養成系大学，私立大学，地方都市の国立教員養成系）で行ったインタビューを通して，学生が教育実習の期間中（あるいは事前指導で）受けた服装や立ち居振る舞いに関する指導・指摘をどう受けとめ，実習後に教職を目指すプロセスの中で，どのように認識したのか，その受けとめの背景にはどのような要因があるのかを詳述する。くわえて，実習を終えたかれらが，大学のカリキュラムや教育の諸課題についてのどう考えているのかもあわせて示したい。すなわち，身だしなみや立ち居振る舞いに関する指導が，学生の長期的な学びや教職への道程を歩む中で，どのような効果と課題を有するのかを学生自身の視点から示し，ひいては，教職へのキャリアの「血肉」となる日本の教育実習が，学生にもたらす意味を再考することが本章の目的である。

第2節　調査の概要

1．対象者

　インタビュー調査への協力は，3つの大学において取得免許状の種類，実習校種，性別のバランスを考慮したうえで，本研究の目的・趣旨に理解を示した学部4年生11名に依頼した（**表4.1**）。インタビュー時に，すでに教育実習を終えていたかれらには，実習での経験を想起し，率直に語ってほしいという旨とその目的を詳細に説明し，個人の氏名や大学名，実習校名，地域等が特定されないよう配慮することを約束した。また，インタビューにかかる負担が生じた場合は，無理に話さなくてよいことも伝えている。

表 4.1　インタビュー調査の協力者の内訳

大学	学生	性別	実習校	取得免許状《I, J, Kは取得見込み》	教職志望度
X 大都市圏国立教員養成系	A	女	小学校 (公立・近隣)	幼・小・特支	高い
	B	男	小学校 (公立・近隣)	幼・小・中高 (国語)	低い
	C	女	小学校 (公立・近隣)	小・中 (社会)・高 (地歴公民)・特支・司書教諭	高い
Y 大都市圏私立	D	女	中学校 (公立)	中 (社会)・高 (地歴公民)	高い
	E	女	中学校 (公立・自力開拓)	中高 (音楽)	低い
	F	女	中学校 (公立・母校)	中高 (音楽)	低い
Z 地方都市国立教員養成系	G	女	中学校 (公立・近隣)	小・中高 (国語)・特支	低い
	H	男	小学校 (公立・近隣)	小・中 (数学)・高	高い
	I	女	中学校 (公立・近隣)	小・中 (国語)・特支	高い
	J	男	中学校 (公立・近隣)	小・中 (社会)・高 (地歴公民)	高い
	K	男	中学校 (公立・近隣)	小・中 (社会)・高 (地歴公民)	高い

2．インタビューの方法・内容

　今回の調査では採用したのは半構造化インタビューである。11名の学生には，予めこちらが用意した以下の項目について随時，想起してもらうよう求めた。重要だと思う部分については筆者が質問を重ねたが，基本的には学生自身のペースに任せ，可能な範囲で話してもらうよう配慮した。聞き取った内容はその場でICレコーダーに録音し，プロトコルに起こす時点で，学生自身や他の実習生の氏名，実習校，大学名，地域が特定される部分はすべてイニシャルに修正した。また，語る内容によってこれらの情報が特定される可能性がある箇所は，筆者が汎用性のある形に表記し直した。これらを経て文章化した内容は，筆者と学生双方による確認を行い，最終的に，11名の学生すべてから掲載の承諾を得るに至っている。なお，学生A～Hへのインタビューは，2015年7月に行ったが，Z大学での協力者が少ないことを鑑み，2019年8月にI，J，Kへの聞き取りを追加実施した。

《インタビュー内容》

1. 今年度，教育実習に臨むにあたって，実習生としてのふさわしい身だしなみ・態度・マナーなどについては，誰から指導を受けましたか。
2. 上記の指導はどのような内容だったか，具体的に教えてください。
3. 上記のような指導に対して，あなたはどう受け止めましたか。
4. 大学での教員養成（講義・演習，実習，体験型活動など）について，あなたはどう考えていますか。続けた方がよいと思う点や，問題だと思う点について教えてください。
5. 近年の教師や学校をめぐる情況について，あなたはどのように考えていますか。望ましいと思う点や，問題だと思う点について教えてください。

3．大学・実習校で指導された内容《概要》

　学生へのインタビューを通して，教科指導や授業づくり以外の服装や身だし

表4.2　教育実習前に大学等で受けた指導内容・指導担当者

大学	指導担当者	指導内容
X	教育実習の事前指導担当教員（3年次のみ）	・細かな指導は3年次の実習前のみ（スーツ着用，中に着るシャツの色，靴下の色など）。 ・4年次には特に指導されていない。 ・自分たちで実習の手引きを確認（茶髪やピアス禁止）。
Y	教職課程の教員 他学科の教員 学生支援担当の事務方	・「大学指定のスーツ」着用。 ・黒髪は原則で，長い場合はひとつにまとめること。 ・健康管理に気をつけること。 ・鞄は黒色。チャックがついており，中身が見えない形状のもの。トートバックは禁止（観察実習で指摘）。 ・内履きは白色（体育館シューズのようなものは×）。 ・きちんと教材研究をすること。 ・無断遅刻や欠席の禁止（その場合は事前に連絡すること）。
Z	教育実習に関連する委員会の教員 （2・3・4年次） 各実習校の担当教員	・スーツ着用，茶髪・ひげ・香水の禁止 ・言葉づかい，マナー順守，挨拶・お礼をきちんとすること。 ・帰宅時間の注意（遅くなりすぎないこと），健康管理。 ・無断の遅刻や欠席の禁止（その場合は事前に連絡すること） ・児童や生徒との距離感を考えること。 　（細かな指導は2年次の観察実習前と3年次の実習前のみ） ・4年次には特に細かい指導はなし。実習前に心得や立ち居振る舞い等への注意を簡単に促される程度。

表 4.3　教育実習校で受けた指導内容・指導担当者

大学	学生	指導担当者	指導された内容
X	A	副校長・指導教員	・基本的にはスーツ着用(自分で実習校に確認)
	B	管理職・指導教員	・話し方や挨拶の仕方(元気よく「おはようございます」,学校を出る際の「失礼いたしました」まで細かな指示)。 ・言葉遣い, 礼儀作法, スーツ着用(クールビズ禁止,ジャケット, 長袖シャツ, ネクタイ着用が基本)。
	C		・通勤はスーツ。ジャケット不要(学校内ではジャージでOK)。
Y	D	副校長 主幹教諭・指導教員	・教師としてふさわしい振る舞い・身だしなみに気をつけること(主幹教諭より)。 ※事前に注意事項が記されていたプリントをもらい,初日に改めて言われた。 ・生徒指導はしなくてよい。 ・生徒と「友だち」になってはいけない。
	E	教頭 指導教員	・生徒と適切な距離を保つこと(生徒と「友だち」にならない)。 　生徒の前での言葉遣いには注意。 ・自分から気づいて行動する。 ・派手な服装は避けること。 ・授業中は「演出者」としてふるまうこと。 ・実習校が目指す教師像に近づくように努力すること。
	F	教頭 指導教員	・身だしなみに気をつけ, 華美な格好は避ける。 ・教職員としての服務, 守秘義務など(教頭より)。 ・生徒の前では常に明るく(指導教員より)。
Z	G	教科担当教員(複数) 教務主任	・髪型(髪をまとめたときに「後れ毛」を出さないこと)。 ・白シャツの下に着るインナーは白色。 ・鞄にキーホルダーをつけることは禁止。 ・挨拶は大きな声で(口頭指導＋貼り紙)。 ・研究授業はきちんと見にいくこと(口頭指導＋貼り紙)。
	H	校長・教頭 指導教員(担任)	・元気に挨拶すること(どの学年の児童に対しても笑顔で)。 ・失敗を恐れず, 授業づくりや実践にどんどんチャレンジすること。 ・授業以外でも児童と積極的に関わること。
	I	教頭	・実習記録で使用する文言・授業中の言葉遣い 　(自分のことを「先生」と言わないように, 等)
	J	学年主任	・実習記録には話し言葉ではなくきちんとした言葉を使うこと。 ・保護者の前では必ずスーツ着用。
	K	教頭	・積極的に生徒と関わり, 授業づくりを惜しまないこと。 ・時間管理はしっかりすること。「ノー残業デー」には絶対に学校に残らないこと。

なみ，礼節等に関する指導について，実習前に大学で受けた内容と実習校で受けた内容とに大別し，前頁の表に示した（**表 4.2**・**表 4.3**）。

第3節　服装や立ち居振る舞いに関する指導を学生は
　　　　どのように受けとめたのか

　それでは，上記した身だしなみや態度，立ち居振る舞いに関する指導を学生がどのように受けとめたのかを示していこう。かれらの受けとめは，（1）必要性を実感したうえでの受容，（2）強い違和感や戸惑い，（3）指導体制・内容のギャップに対する困惑という3つに類型化することができた[10]。以下では，この3つの類型に沿いながら，具体的な背景や学生自身にもたらした影響を詳しく探っていく。

1.「当たり前」「不可欠」な指導として受容する姿勢

(1) 教職へのキャリアを支える指導の一貫性

　まず，学生への聞き取りから浮かび上がったのは，事前指導や実習校で受けた指導に対してさほど疑問をもたず，「実習生として守るべきもの」「教師を目指すうえで必要なもの」として受け入れる姿勢である。興味深いのは，このような姿勢が，相対的に教職志望が高く，教員採用試験を受けた学生C（X 大学），D（Y 大学），H（Z 大学），K（Z 大学）の語りに共通して見いだせたことである。

　たとえばDは，4 年生の 4 月に行われた Y 大学でのガイダンスで，「自分がどれだけ行動できるかを大事に」，「目的を持って行うこと」と同時に，身だしなみやマナーについても「できて当たり前だし，社会人になるにあたっても当然のことだから」と指導をされたという。模擬授業や指導案作成にかかわる大学の授業の充実を強く求める気持ちがありながらも，Dは，ガイダンスで言われた内容については，特に疑問をもたなかったと語る。「私たちはさせていただく立場に立っているわけなので」，「生徒たちに見られる立場になるわけだか

ら」と，すんなりと受容できたようである。

　また，実習校では，事前の挨拶時と実習初日の2回にわたって，主幹教諭から身だしなみやマナーに関する説明や，「本校職員と同じ自覚で勤務，言葉遣い行動は教師としての品格を失わないように」，「生徒と《友だち》になってはいけない」（実習生としては通用しても，教師として通用すると思ってほしくないから），「生徒指導はしてはいけない」（実習生では責任がとれないから・何かあっても実習生を守りきれない可能性があるから）等の注意事項を伝えられたという。初日に，それらが記された紙（A4用紙1枚）を渡され，記載された個々の項目について丁寧に時間を割いて説明してもらったこともあり，Ｄは，特に"生徒と友だちになってはいけない"という部分に「すごい納得しました」と語る。そこから，関わる相手が中学生であるという現実をイメージし，「友だちにならないようにどういうふうに指導，話しかけをしていくかっていうのも考えながら」，実習に臨むことができたとも振り返っている。

　さらに，学部1年時から教職志望が一貫して高いＣは，4年次の実習に際しては大学や学校現場から服装等に関して特に指摘されておらず，違和感もなかったと述べる一方で，3年次の事前指導での驚きに言及した。そこでは，スーツの着用のみならず，中に着るシャツの色や靴下の色の指定がなされ，Ｃは，「なんでこんな細かいことまで」と思ったという。しかし，実際に実習校（附属学校）に行ってみると「その意味がわかった。これが当たり前なんだなと思った」という心情の変化も語ってくれた。

　上記のＣとＤは，在籍する大学や実習を行った学年，実習校の環境，専門教科が異なっているにもかかわらず，身だしなみや言動をめぐる指導に対して受けとめにほとんど違いがない。これは，大学と実習校による丁寧な指導だけではなく，それらが「教師としての心構えや適切なふるまい」となって具現化され，かれら自身が描く将来像（教師像）とフィットしたためであろう。そして，「社会人として」「教師としての自覚・品格」といったキーワードを軸に，大学と実習校での指導方針がある程度，一貫していた環境が保証されていたことも，

指導を無理なく受容し，内在化できたことを後押ししたと考えられる。

(2) 授業づくりへの支援と教員とのコミュニケーションによる充実感

　Z大学のKの語りは，服装や振る舞いをめぐる指導を受けた経験よりも，実習校の教師（特に指導教員）との授業づくりや生徒指導に関する「微笑ましいエピソード」に彩られていた。Kの実習校は，数年前まで実習生の身だしなみ，髪型，かばん，立ち居振る舞い，言葉づかい，あいさつの声の大きさなど細かな指導が行われていた。しかし，現在は大きく状況が変わり，基本的には授業に積極的にチャレンジし，「実習生らしい授業，つくっていこうって後押ししてくれる」雰囲気にあふれていたという。「指導案を持っていったら，ありがとうって言ってくれた優しい校長先生」に驚いたKは，学年の先生たちにも「一緒に授業を1つつくろうよ」と声をかけてもらった経緯を嬉しそうにふりかえった。また，授業後に教師たちから「今回の授業はやって終わりじゃない，作った資料や指導案も含めて，すべて今後につながるから，ちゃんと宝物にして取っておきなさい，って言われて本当に嬉しかった」と笑顔で語る。同時に，実習生同士も2週間を通して「（実習前よりも）すごく仲良くなれた」ことも，Kの頑張りを後押ししたようだ。

　ただ，厳しく指導されたのは「ノー残業デイ」には学校に遅くまで残ってはいけないということである。Kの実習校ではこの日，18時に校舎内の電気がすべて消えるのだが，「残るのはダメだとわかっていながら」Kは，指導案づくりが終わっていない状況ゆえに「指導教員とこっそり別の部屋で指導案を検討していた」ら，すぐに管理職に見つかり，「時間管理がなっていない，時間はきっちり守りなさい」と，指導教員と一緒に叱られたという。この他にも，Kと一緒に時々叱られていた指導教員が，「○○（Kのニックネーム）といると，なんか怒られることが多いんだよな」，「Kは怒られる時，絶対に笑うから神妙な顔でいけよ」と笑ったことも明かしてくれた。こうした指導教員をはじめとして，「多少の失敗やだめなところを笑いながら見守ってくれる」実習校の教

師たちの鷹揚な対応が，授業づくりや生徒指導に集中できた濃密な2週間をK
に保証したことは間違いない。

　さらに，Kと同じような経験は，「早く教師になりたいって思えた，忘れら
れない2週間」と表現した学生Hの回顧にも共通して見いだせる。実習前，
Hは「きちんとした格好で実習をするのは当たり前のことだから」，それが不
十分なら怒られて当然だと「覚悟していた」。教職志望は高いものの「自分は
中高メイン。小学生に教えるのが苦手」というHにとって，4年時の公立小学
校での実習は大きな試練だったと語る。

　しかし，その小学校の雰囲気が「あまり厳しくなくて拍子抜けするほど」柔
らかかったことや，「失敗を恐れず，授業づくりにどんどんチャレンジすること」
「困ったことやわからないことがあれば遠慮なく相談すること」を管理職や指
導教員(担任)から何度も言われたことで，Hの緊張や不安はすぐに消えたよう
だ。毎日，指導教員から授業づくりのサポートを得て，「子どもってこんなふ
うに笑うのか，と楽しく発見しながら」も悪戦苦闘したHは，研究授業後に
複数の教員からほめられつつ，厳しい意見を多くもらったという。だがHにとっ
てその時間は，「厳しかったけど(その学校の)一員になったみたいな感じ」で
あり，実習最終日に児童のみならず教員たちから「今日で終わりなんてさみし
い」「Hくんのおかげでわたしたちも勉強になった」と言ってもらえて，「嬉し
くて泣きそうだった」と笑顔で振り返る。そしてHは，インタビューの最後
に「実習後に教師になりたい気持ちがもっと強くなって，小学校もすごくやり
がいがあるって思えました」と締めくくった。

2．強い違和感を抱きながら実習校の文脈に従う姿勢

(1) 強固な「実習生像」とコミュニケーション不足から

　1．でみたような肯定的な受けとめの一方で，インタビューでは，実習校に
よる服装等の指導に対する強い違和感や疑問も抽出できた。以下では，3名の
学生の叙述をもとに，その具体的な状況や背景を示そう。

海外での生活経験をもつ（「帰国子女」である）Ｘ大学のＡは，実習校や大学での指導に対してさほど厳しさを感じなかったという。しかし，「みんなスーツ」という状況を変だと思い，実習後の教員採用試験での違和感を「別に服装の指示はないのに，みんなスーツなんですよね。それに違和感を覚えました」と，あわせて語ってくれた。また，海外から日本に帰国した際に「みんな制服というのに違和感があって，慣れるのにすごく時間がかかった」経験も想起しながらＡは，具体的に「髪の毛も不快感を与えない程度に染めるならかまわないし，別にスーツを着なくても清潔感のある格好ならいいのではないか」との思いや，状況や気候に応じて「そこそこきちんとしているぐらいは」許容されてもいいのでは，という率直な思いを明かしてくれた。ちなみに，こうした経験自体に疑問を抱きながらも，Ａは教職を志す気持ちは揺らがなかったようだ。

　同大学のＢの語りは，細部にわたる指導内容だけでなく，実習生としての「あるべき姿」を第一義に置く実習校の方針に対する釈然としない思いをリアルに伝えるものであった。

　4年次，首都圏の実習校（公立小学校）にたった一人で配属されたＢは，実習前に大学からは特に指導されなかった一方で，実習校からの細部に渡る指導と，それに対する強い疑問を吐露している。実習校では，指導の先生と管理職（主に副校長）から，挨拶の仕方，言葉遣い，礼儀作法，服装等について，細かな指導を受けたが，特に，管理職と教員の教師たちがほとんどクールビズであるにもかかわらず，スーツ（長袖シャツにネクタイ・ジャケット）の着用を義務づけられ，出勤時の「おはようございます」から，退勤時の「失礼いたします」といった挨拶の文言まで細かく指示された経験は印象的だったようだ。Ｂは，実習校の方針なので「従うしかない」と思いつつ，天候や状況にかかわらず長袖着用を義務づけられる毎日に「何なんだこれ？」と思いながら過ごしたという。

　だが，Ｂの語りの中でより重要だと思われるのは，細かな服装指導と同時に語られた「実習期間中，先生方とのコミュニケーションに難しさを感じた」という部分ではないだろうか。Ｂの回顧から明確となったのは，このような教師

たちとの対話の困難さを生んだ背景に，Bの実習校で服装や立ち居振る舞い，言葉遣いも含めた全般的な指導が管理職による「トップダウン」でなされていた状況であるということだ。そして，こうした状況が，有無を言わせない細かな服装・ふるまいへの指導を徹底させ，その是非の検討はおろか，充実した実習の要となる教師たちとの密なコミュニケーションをも阻害していたといえる。「教えていただく立場としての位置づけには異論があるわけではない」としながらも，「萎縮してしまった」とするBの言葉が，この状況を如実に物語っている。

(2) 管理職によるトップダウン的な姿勢と一貫性の乏しさから

　Bと極めて類似した経験は，4年次の教育実習をめぐるG（Z大学）の語りに見いだせた。Gは教職ではなく企業への就職を希望していたが，「子どもと関わるのが好き」であったため，実習での授業づくりも精一杯，頑張ったという。G以外にも10名近くの学生が配属された公立中学校でまず指摘されたのは，校則で定められている「髪を結んだときに後れ毛（横髪）を出さないこと」と「鞄にはキーホルダーやぬいぐるみ等はつけないこと」であった。それについてGは苦笑いしつつ，「附属（3年生）のときは大丈夫だったからそのままで行ったのに。事前指導の時もおんなじ髪型でいって教頭先生とか教務の先生に会ってるのに，何も言われなかったから，その格好していったんですよ」と振り返る。

　しかしGは，その学校の生徒が「みんな（後れ毛）を入れていたから」，「前に立つ人が（後れ毛）出ていたら，先生はいいなあって思われるかなぁと」思い，すぐに直したという。また，キーホルダーの件も，「登下校時に生徒が見ると羨ましがるって言われて。はい，わかりました，と」すぐに従ったと語る。ちなみに，別の実習生は，ある教科担当教員に「シャツの下のインナーは白色を着なさい」と指導されていたのだが，黒色のインナーを着用していたGは何も言われなかった。

　だが，Gにとって強烈な記憶として残ったのは髪型やキーホルダーよりも，

挨拶の「声の大きさ」の徹底だったようだ。Gは，「初日から叫びまくってる
みたい……おはよーございまあすって。でも，（職員室に）入っても（先生たち）
みんな，は？みたいな感じでこっち見て，無視，みたいな……」とため息交じ
りに回顧し，「これは言う気も失せるわって思って，でも言わないと声が小さいっ
て怒られる」時の戸惑いを語ってくれた。

　また，口頭指導のみならず実習生控室のドアに「注意事項」として紙が貼ら
れ，加えて，別の機会に「実習生だけ呼び出されて挨拶や服装のことをめっ
ちゃ」言われた経験も回顧したGは，挨拶で叫ばなくてはいけない状況への
不満を他の実習生と分かち合い，「なんとか耐えていた」とも明かしている。
そして，重要なのは，Gがこうした度重なる指導の背景に「校長先生の存在が
ある」と気づいた点である。校長が，教頭や主任に対して，「なんのために管
理職になったんだ，とか怒ってて。職員室でそれを見てるのもつらかった」場
面として，Gや他の実習生の目に焼き付けられたようである。

3．指導する側の体制や熱意の「ギャップ」に対する戸惑い

　さらに，学生の語りから浮き彫りとなったのは，実習校よりも大学での事前
指導に対する困惑や，実習校での教員間で指導内容が異なる場面への戸惑いで
ある。この背景には，大学での授業や実習指導と実習校での指導との連関が薄
いことや，実習校においてどの教師の指導に従えばよいのかわからず，ともか
く「その場」での判断を余儀なくされた状況があったといえよう。ちなみに，
2018年の調査（4都市比較）で，「大学の先生の指導と実習校での指導方針は一
貫していた」かについて，「全く感じない」と「あまり感じない」割合が日本
では28%（ソウル36%，上海43%，香港45%）であり，大学と実習校との指導の
一貫性に対する評価は相対的に低い。同時に「どちらとも言えない」という割
合も他エリアを凌いで日本は44%であったことも鑑みたとき，やはりここに
も日本の特異性がみえてくるのはないだろうか。以下では，まず，大学におけ
る事前指導と学校現場との「ずれ」に困惑したという学生EとF（Y大学），J（Z

大学) の語りから示したい。

(1) 大学と学校現場の隔たりの中で

①大学での事前指導の内容

　実習に先立って，Y大学では教育実習の心得やきちんと教材研究をすること，無断での遅刻・欠席は厳禁など，基本的な事項の他，①大学指定のスーツを着用すること (事前訪問時・実習中ともに)，②鞄は黒色が原則，③髪の色は黒で肩にかかる場合はひとつにまとめること，④学校で使う内履きは大学指定の靴 (白色) にすること等，具体的な内容が学生に伝えられた。特に，②は，附属学校への観察実習前に，「トートバッグやチャックがついていないものは禁止」「中身が見えない形のものにすること」を指定されたという。EとFは同じ大学であるため，事前指導の内容は共通している。Eは，大学による身だしなみの指導を当たり前のこと，と述べるにとどまり，Fは，実習前に，複数の教員から，実習校の先生に対して感謝の気持ちを持つよう諭されたり，「実習に言ったら楽しいから」「(実習校の) 生徒は楽しみにしている」と言われたことで，感謝の気持ちやポジティブな状態を維持することができたと振り返る。こうした意味で，大学での事前指導は，ある程度は効果があったとみてよいだろう。

　では，実習校での指導内容と，2人の受けとめを詳しく示そう。

　まず，「自力開拓」という形で見つけた実習校 (公立中学校) でEが求められたのは，実習校が「めざす教師像」に近づくよう「先生という扱いなのでここではそれをめざして一緒に」努力すべきことや，授業中に演出者になることであった。そして，生徒が思春期で傷つきやすいため「言葉には注意してください。話す前に考えて」とも言われたという。しかし服装や態度については，配布されたプリントに沿って軽く説明を受けた程度であった。そこに記載された「生徒に悪影響を与えないように注意する」という部分をもとに，教員から「あんまり派手な服装では来ないでください」との指示はあったが，それも細部に渡らず，スーツが基本で華美な服装は避けることを求めるにとどまっていた。

Fは，この学校にとって3年ぶりの実習生（配属されたのはFひとり）であった。母校でもあるその中学校でFは教頭から，守秘義務などの服務規程を頭に入れて実習に臨むこと，生徒の前では常に明るく元気でいること，また，自分が教師に向いているかを判断できる場面があるから，それを考えながら生徒と関わるように等の指導を受けたという。だがE同様，服装に関しては細かな指導はされず，「"あんまり変な服装はダメだよね"と軽いノリで言われた」と回顧する。

②大学と実習校とのずれの顕在化

　これらの回顧から，EとFどちらの実習校も，ある程度，服装や言葉遣い等については実習生の判断に委ねようしていたことが十分に伺える。だが，ここで重要となるのは，実習開始後に2人が大学と実習校との間に生じた「ずれ」を強く実感し，とりわけそれを大学での模擬授業や指導案作成，専門教科の講義が抱える課題として受けとめていた点である。この「ずれ」とは，授業づくりや授業実践について大学が「正論」だと思っていることが「実際の現場には伝わっていない」と実習で痛感し，両者のつながりが乏しいことへの疑問として顕在化している。たとえばFは，大学での模擬授業において，発問や授業全体の構成への追究がなされず「この発問はこうしたほうがよかったよね，くらい」と，「優しすぎる」大学教員の姿勢に対して，物足りなさを感じたようだ。同時に，生徒役を担ってくれた学生についても「実際の中学生よりもレベルの低い中学生になってしまっていて，現場に行ったら『え，こんなにできるんだ』みたいなことに」気づいたときの驚きも述べている。そして，Eは，実習校の教員から，「（大学で）こんなことも教わってきてないのって言われ」，そのときに，現場の先生の「憤りみたいなもの」を感じたとも明かした。このような回顧は，かれらが教師になるための専門性の獲得・向上において，大学での準備段階の意味を痛感した証左といえるだろう。模擬授業での厳しさを求めると同時に，「本当は（大学では）ほかに教えるべきことがあったんじゃないか」というEの疑問がそれを明確に示唆している。

では，服装や身だしなみに関するかれらの受けとめに焦点化すると，何が浮かび上がってくるだろうか。実習校の教師への感謝といった側面で大学での事前指導を肯定的に捉えたＦは，服装等に関する細かな指定を「やや堅い」と評している。さらには，教育実習直前の最終確認事項を忠実に守って出勤し，実習校の教師に驚かれた経験を語ってくれた。特に，大学で指定された内履きについては実習校で「なんでこんなの履いてるのって言われた」エピソードもまじえて，「それ（指定のシューズ）で行ったら笑われます。生徒にバカにされます」と述べている。そして，こうした経験は，大学に対する「実習に送り出したときのことを考えてくれてないんじゃないかな」という疑問や，「もうちょっとリアルの場を（大学の）先生たちが見て，こういう感じだから柔軟に生徒にも指導していこう，みたいな考え方が欲しい」という要望として具現化されるに至っている。

③大学との情報共有不足から生じた学校現場の不満

　ＥとＦのような指導体制の違いによって生じた困惑は，実習全体を肯定的にふりかえるＪの回顧にも見いだすことができた。全体的に教師も生徒も「良い意味でゆるい」Ｊの実習校では，態度や服装よりも実習記録に「きちんとした言葉」を使うことへの指摘はあったが，実習期間中，管理職，教務主任，教科担任が「実習生をほめまくって」くれたという。こうした学校の雰囲気に後押しされ，実習生全員がのびのびと授業づくりや生徒との関わりに集中でき，かつ，教師たちとのコミュニケーションを密にはかれたとＪは嬉しそうに語った。ただ，そんなＪが「唯一納得できなかった」のが，雨天での保護者の車の誘導後，濡れたスーツから半袖・短パンに着替えた実習生（男子）に対する指導である。教務主任からは「それでいい」と言われたにもかかわらず，他の教師から突如，「保護者がいるからすぐにスーツ着て」と指示されたという。そこでＪや他の実習生は，教務主任から許可を得ている旨を伝えたが，その教師は「それでも着替えなさい」としか返答せず，やむなく濡れたスーツに再度，着替えたという。さらにＪが強調したのは，実習校の研究授業に大学教員が誰も

来ない（事情によって大学教員が「ドタキャン」した）ことに，管理職が不満を示し，「大学側から誰か（先生が）来てほしかった」と言われた出来事である。Ｊはその時の驚きと「申し訳なさ」を次のように明かしてくれた。「そのことを実習後，（担当の）大学の先生に伝えたら，知らなかったって言われてそれにもびっくりしました」。

　実習校での指導や実践経験を肯定的に捉えつつ，こうした経緯を詳述するＪの語りは，スーツ着用・立ち居振る舞いの強制や管理よりも，実習校の教員間での指導方針のずれや，大学と実習校の情報共有の不十分さに対する率直な疑問を投げかけるものである。

（2）管理職の熱意と他教員の不介入から

　以上のようなＥやＦ，Ｊの受けとめは，大学と実習校との間に生じた隔たりと，その影響を浮き彫りにしている。ここでもうひとつ示しておきたのは，実習校における特定の教師の独断と，他の教師の不介入に学生が翻弄される状況である。

　これまで，小学校や特別支援学校の子どもと多く関わる機会をもってきたＩ（Ｚ大学）にとって，中学校実習は「生徒への接し方の難しさをとにかく痛感」した２週間だったようだ。ただ，実習中はスーツを着用しつつも，状況に応じた服装で過ごすことができたという。服装や身だしなみに対する細かな要求は実習校からほとんどなく，むしろ実習生間の「暗黙の了解」によって，スーツや髪型などに「自分たちで気をつけていた」と語る。

　しかし，Ｉにとって釈然としないのは，管理職による「言葉」に対する細かく頻繁な修正―「教諭」「教師」「教員」「先生」の違いの指摘から始まり，実習記録に記した「教師」という文字について「教師の“師”ってどういう字？君は，生徒たちの師匠だと思っているの？と」指導を受けた経験―である。Ｉは，その先生の考え方としては「自分のことを先生って呼ぶべきじゃない，っていうのがあったと思うけど」と前置きしながらも，「実習生全員の実習記録

の文言を全部チェックされて，気になる箇所に線が引かれ，付箋貼られて，修正印を押して再提出する」毎日を「しんどかった」と述べた。

　また，生徒に対するIの言葉づかいに対しても「授業中に自分のこと『先生』って言ってたけど，本当に先生だと思っているの？誰が決めるの？自分じゃないよね，生徒だよね，と」言われたことや，「声が生徒に届かない。張り上げるんじゃなくて，全体に聞こえるように」，「黒板の方を向いたまま生徒に話すべきではない」（生徒の方を向いて話せ），等の指導に追われていた状況からは，授業や生徒への接し方の「中身よりも，マニュアルとしての正しい言葉遣い」を強いられる2週間であったことが容易に想像できる。

　ちなみに，Iの実習校でも「ノー残業デー」が設けられている。インタビューでIは，「今思うと，笑えるんですけど」と自ら，これに纏わるエピソードを詳細に語ってくれた。それは，指導案や実習録を書いていた実習生の様子を見にきた管理職から，「自分が教職に就いて数年は朝7時に学校に来て夜11時ぐらいまでいて，夜中2時ぐらいまで授業計画立ててまた朝早く来ていた」との経験談を聞かされ，「ノー残業デイでも，君たち（実習生）が残りたいなら僕も付き合うから20時とか21時までいてくれていい」と言われた出来事である。筆者に対してこの出来事を懸命に語るIの表情は，Iや他の実習生の困惑の大きさをはっきりと物語っている。そして，続けてIが言及した「他の先生」のスタンスは，この学校の指導体制を象徴している点で無視できない。指導教員による十分なサポートに対して「とてもお世話になった」と語りつつ，Iが語ったのは「温和で優しい感じ」の校長が「実習初日に実習生に対する講話があることすら知らなくて，私たち（実習生）に対してどちらかといえば無関心だった」姿であり，これも不安要素のひとつとなったという点である。

第4節　学生の受けとめ・認識にはどのような背景があるか

　以上，実習校での指導に対する学生の認識を3つの類型に沿って詳述した。

そこには，在籍する大学や地域，実習校種による違いは特段みられなかったが，上述したように，各実習校がもつ風土や教員同士の関係性，大学の指導方針との相違が深く関わっていることは明らかである。以下では改めて，学生たちの受けとめが生じた背景を整理したい。

1．教職のやりがいや達成感の獲得をもたらす学校風土・成功体験

　学生 C，D，H，K による語りは，かれらが実習校での指導に違和感をもたず，肯定的に捉えていることの証左となった。こうした受けとめの背景には，服装や言葉遣い，立ち居振る舞いの必要性に関する丁寧な説明を通して，実習校と学生との間に十分な合意形成が図られていたことや，ふさわしい振る舞いが，学生自身の入職後のイメージと合致した状況があったと考えられる。また，実習校が，授業実践や児童・生徒との関わりに重きを置いた指導を行う中で学生の未熟さや失敗を見守り，「チャレンジさせる」姿勢を教員間で共有していたこと，ゆえに，実習生と教員のコミュニケーションもおのずと円滑になされていたという状況も重要な要因といえるだろう。こうした環境がやりがいや達成感を学生にもたらし，実習を終えた後も，かれらの教職志望を維持・向上させる結果となったことは明らかである。この状況を学生の語りに沿って改めて振り返れば，実習校で豊富に得た授業実践や児童・生徒と密に関わるチャンス，それを支える教職員との出会いを通して，学生が教職のやりがいを「現実のもの」として内在化できたこと，また，それが時に学生がもつ既存の自己認識をも変容させ，新たな適性を発見する契機となった，というサイクルとして再構成できよう。

　この点については，教育実習後の学生の変容に着眼した先行研究がすでに明らかにしている。たとえば，学校で子どもと過ごす日々を楽しいと感じたことや，子どもの「わかった」「できた」という喜ぶ姿をみたという理由が，教職に就きたい気持ちの上昇につながるという[11]。また，教育実習での経験の中でとりわけ「授業・指導での成功体験」「子どもとの親和体験」が教師の効力

感を高めることもすでに複数の先行研究[12]で実証されている。本章でも，これらの体験を保証する実習校の風土が，教職のコアとなる授業づくりや実践にチャレンジする学生を支え，教師としての基礎能力や技術の習得に加えて，教師となることへの自信を規定する[13]ことを立証できたといえる。

2. 実習校における指導の硬直化と対話の乏しさ

学生A，B，Gの語りからは，実習校からの服装・身だしなみ・態度に関する指導に対する強い違和感や困惑とともに，その状況をなんとかやり過ごすための対処療法的な判断を随所に見いだすことができた。その背景には，細かな指導内容が状況に応じたものではないことはもちろん，校則に代表される実習校のルール（文脈）をそのまま実習生にもあてはめる強固な方針があり，結果としてそれが，礼節や態度といった外形的な要素を求める方向に作用したといえる。

また，管理職（校長）によるトップダウン的な指導スタイルによって，関係教員が右往左往し，頻繁かつ煩瑣な指導が生み出される一方で，他の教員の適切な判断や臨機応変な対応，そして，授業や生徒指導に関する質問やアドバイス等の円滑なコミュニケーションが阻害され，結果として，指導体制の硬直化を生んだことも大きな要因である。その状況がひいては，教員同士の意思疎通も困難にし，教員間での指導の一貫性の乏しさ（Gの語る「インナーの色」など），一方で，頻繁かつ煩瑣な指導を生んだと考えてよい。「萎縮」というBの言葉や，挨拶を無視され続けたGの「耐えていた」「つらかった」という言葉は，まさにその象徴といえるだろう。

くわえて着眼すべきは，こうした状況を背景に常態化した指導が，学生の教職志望との関係にも影響を及ぼした可能性である。Aは高い教職志望を維持したまま実習を終えたが，BとGについては実習前からの志望度の低さを変容させることはなかった。あまつさえGは実習後，「やはり教師にはならない，考えられない」と断言してもいる。

もちろん，この可能性については慎重な分析や考察を要する。実習校の雰囲

気や指導体制が教職志望のさらなる低下を招いたと結論づけるのは即断に過ぎよう。だが，少なくとも柔軟性を欠く指導，それに関わる教員への日常的な叱責，そこに翻弄される教員，介入しようとしない教員集団の姿勢が，ＢやＧに「教職の魅力」の発見をもたらさなかったことは疑う余地がない。この点を踏まえれば，かれらの受けとめやその背景は，本章の冒頭で述べた日本の実習生の特徴—緊張感と自信のなさ—を生み出す主要因といってよい。

3. 大学と実習校の指導体制のずれと教員の不介入

　ＥとＦによって示されたのは，送り出す学生の身だしなみや振る舞いという側面において，実習校に迷惑をかけることのないよう，大学が「先回り」する体制に他ならない。かれらの回顧は，大学のそうした体制がかえって学生の強い困惑につながることを示唆しつつ，学校現場との接続や連携を求める声として具現化されてもいる。もちろん，Ｙ大学のように，決められたマニュアルや服装・靴・鞄等の指定は他大学でもみられる光景であり，それ自体，否定されるべきことではない。しかし，このような大学での事前指導が実習校の状況とフィットしないのであれば，この「ずれ」の内実に目を向け，共有し，すり合わせるプロセスが両者にとって不可欠となる。そして，教職に向けて歩もうとする学生の専門性を高めることを目指す大学に，より大きく課せられた役割ともいえるだろう。また，Ｉの受けとめは，実習校に対する戸惑いといった点で 2. で示したＢやＧと共通する部分もある。しかし，Ｉが直面したのは，管理職によるトップダウン的な指導や叱咤，それに萎縮する教員たちが醸し出す雰囲気とは基本的に異なっている。両極端である管理職の姿勢に象徴されるように，Ｉの実習校では，特定の教員の熱意が際立っており，そこにあえて介入しない他の教員の姿勢が常態化していたとみてよい。この状態によって，教員同士の間に深刻な軋轢や対立は生まれにくくはなろう。だがそれは，Ｉが述べたような「無関心」と表裏一体となり，学校全体で教育実習を支援・指導する体制を構築するための議論や，指導観のすり合わせ，情報共有を困難にしてし

まう。実習生に対する度重なる「文言・言葉の修正」や，長時間，学校に滞在することを善とする指導の過速化は，Ⅰの実習校が抱えるこのような背景によって生じたのではないだろうか。

第5節　大学のカリキュラムや教師・学校現場に対する学生の認識

1．大学の授業・カリキュラムに対して

　今回のインタビュー調査で学生には，服装や立ち居振る舞いに関する指導に対する受けとめだけでなく，大学での教員養成（講義・演習，実習，体験型活動など）と，近年の教師や学校をめぐる情況に対する考えを尋ねた。ここではまず，大学のカリキュラムに対するかれらの思いを示しておきたい。所属する大学・学部，教職志望や実習校の環境，取得する免許教科を異にしながらも，かれらの言及は，実践的な内容の授業を受講する時期や模擬授業の充実，学校現場と大学での指導内容とのギャップ，自身の専門性の乏しさという3つの視点に共通していた。

　たとえば，教職志望が高く，実習校の指導を肯定的に受容したC（X大学）は，附属学校での授業観察や体験活動等，実習前に学校現場を訪れる機会の豊富さや，学校現場から教員が大学に出向く形での授業の意義を再認識し，実習や教職に就くうえで役立つと高く評価している。一方で，3年次あたりから徐々に教職志望が高まったD（Y大学）も，実習前のエピソードを挙げたが，それは模擬授業や指導案づくりに取り組んだ際の「しんどさ」に焦点化されていた。具体的には，指導案や授業の構成等をしっかりと教えられていないにもかかわらず，突然，大学の授業でこれらの作成を求められた経緯をふまえ，Dは「模擬授業とか，急にドンって入ってくるみたいな。急にかぁ？みたいな，私たちは何も知らないけど急にかぁって。授業ってこういうふうに目的立ててやっていくーみたいな，流れを説明した（大学の）授業ってすごい少なかった」と，そ

のときの苦しみを詳述している。Dによるこうした現状認識や切実な語りは，基礎的な理論や方法を学ぶ機会の充実はもちろん，それらの系統性の確保や到達点の明確化が，実習を控えた学生にとっていかに重要であるのかを物語っていよう。

　特筆すべきは，Dが述べたこうした焦燥感を教職志望が低い学生も抱いたということである。たとえば，公立小学校での画一的な指導に強い違和感を抱いたBは，3年生の実習までに大学で実践的な内容を学ぶ機会が少ないことや，児童の実態を知らずに，授業を作ることに無理があると指摘した。そして，「児童の実態を見て授業をつくる機会を早い時期から入れた方がいい」と具体的に求めてもいる。また，G（X大学）も，実習校での服装や声の大きさに関する指導を懐疑的に捉えながら，授業実践に不可欠となる自身の専門性の乏しさに言及した。指導案のフォーマットが実習校種によって異なり，その書き方に戸惑った経験を皮切りに，大学の模擬授業と現場での授業実践の連関の乏しさを振り返りながら「授業づくりを本当にちゃんとやっておきたかった」というGが吐露した後悔は，D同様，教科の専門性や教材研究の力量を，大学でどのように獲得すべきかを強く訴えかけるものといえるだろう。

　さらに，実習校の教員から「こんなことも教わってきていないの」と言われて困惑したEも，やはり模擬授業の課題を指摘しているが，これを具現化したのは同じくY大学のFであった。たとえば，それは「なんでこの発問が授業の流れと関係するんだろうみたいなことがあっても，あんまり追求せず，その発問はこうした方がよかったよね，くらい」の感想を述べるにとどまる大学教員の姿勢に対する「全体的に厳しめにしてもらった方がよかった」という言葉に代表されるだろう。Fはその理由を「現場に行って厳しい思いをするので。それによって，教師になるかならないかの心構えも変わってくる」としている。Fによるこの言及はまさに，発問や教材分析に関する専門的な指導の内実が，教職へのキャリアを左右する可能性をもつことの証左ではないだろうか。

　こうした学生たちの実感を，大学での養成カリキュラムや教員の姿勢に向け

られた単なる不満と捉え，「実習に行かなくてはわからない」と等閑視することはいとも簡単だ。たしかに，教職志望の多寡や実習指導に対する認識に関わらず，かれらが大学に寄せる期待や希望はいずれも，教育実習を経たゆえの切迫感を伴った「専門性の乏しさ」に帰結しており，それは学校現場に身を置かなくては実感できないものである。しかし，かれらの声は同時に，学校現場での子どもとの関わり以前に身につけておくべき専門性のコアとはなにか，という切実な問いを投げかけてもいる。そのコアに必然と据えられるものとは，教材分析，計画性，学習者の発達や学力への理解，多様なコミュニケーションなどに支えられた「授業」といって相違ない。そして，これをベースに行われる授業研究の役割とは，教育実習以前の段階で学生たちが授業に関するさまざまな知識を獲得し，「よい授業とはなにか」を多面的に考える機会を重ね，授業を「つくる」ために不可欠な方法知や教科内容に関する専門性を保証することに尽きるだろう。

　以上，大学での教員養成（講義・演習，実習，体験型活動など）に関する学生の考えを改めて俯瞰すると，養成段階での専門性獲得・向上に資する手がかりが，とりわけ講義や演習を軸に浮かび上がってこよう。より踏み込んでいえば上記の声は，大学における教員養成においていまや疑いようもない「体験＝実践的指導力」という構図に，改めて警鐘を鳴らしているとも捉えられる。授業力やコミュニケーション力，チームで対応する力の育成を養成段階に求める改革動向(14)の強まりによって，座学中心の講義は往々にして「実践的ではない」と評され，議論の俎上にすら上がらない状況だ。

　では，実践を行うための膨大な知識を入職前の段階で獲得させる，いわゆるインプットの機会は不要なのだろうか。当然，その答えは否である。体験活動のみを重ねても，それがどのような意味をもち，関わる子どもの言動，学力を規定する諸要因を理解していなければ，効果的な関わりを生み出すことが困難となる。教員養成教育に向けられた厳しいまなざしや改革動向に煽られる形で，実践的指導力の基礎の育成を体験やそれに伴うリフレクションだけに求め，そ

のクオリティや位置づけを問わないままであれば，ここで示した学生の声もほどなく無駄になろう。結果としてそれは，教育実習をはじめとする体験と大学での講義・演習の連関や系統性を不問に付し，研究を軸とした高等教育の役割そのものを捨象しかねない。だからこそ，今回，学生の語りから紡ぎだされた期待・希望は，大学でこそ育成できる実践的な指導力の内実，ひいては，学生を優れた教員に育てようとする教師教育者が希求する「実践性」[15] を，改めて検討する重要な手がかりになるのではないだろうか。

2. 近年の学校や教師をめぐる状況に対する認識

　最後に，インタビュー結果が示唆するもうひとつの論点を示しておきたい。それは，学生の教職志望の度合いによって，「近年の教師や学校をめぐる情況（望ましい点や問題点）」に対する認識に違いが見いだせる点である。

　まず，明らかとなったのは，大学入学時より一貫して教職志望が高い学生が，教師の多忙な日常や，メンタルヘルスを維持することへの不安を挙げている点である。特に，日本の教師の働き方がニュース等で取り上げられるようになったこととあわせて，実習を通して，連日，遅くまで生徒指導や授業準備に勤しむ教員の姿を身近でみたことも，こうした認識を強固にした要因といえる。しかし，この不安を吐露した学生の声には，教師の多忙な日常を単に批判したり，敬遠する部分はほとんど見いだせない。むしろ「やっぱり，先生の仕事はおもしろいとおもった」(K)，「忙しくても面白い授業をするためならやっていける」(H)，「教師になってどうするかを今から覚悟しておかなければならない」，「実習校に行って，先生方の働きぶりを見ていると，やりがいを感じるし，自分はこれでやっていこうと思う」(C) など，やりがいや達成感を明確に見いだしているのだ。

　また，Ｄは，実習校の教師たちが生徒個々の情報を共有する姿に，教師同士の連携のメリットを見いだしてもいる。生徒の問題行動に対する指導・サポートを「朝の会（職員会議）で今日することの事項の確認とともに学年で確認して

いた」状況を詳述しながらＤは，校内のみならず，小学校との連携のさらな
る充実にも言及した。このことは，生徒に接する教員の姿や，情報共有を重ね
る日常を間近で見たことで，Ｄの視野が，子どもを長期的なスパンで支援する
ための異校種連携に広がったことを示していよう。

このような考えが生み出された背景には，意欲や教職志望といった学生の個
人的要因—実習前から教職志望が高く，学校や教員の働き方に強く関心をもっ
ていたこと—だけではなく，実習を通してかれらが出会った児童・生徒や教員
の存在，そして授業実践のフィールドがある。実習校の指導によって自身の教
職イメージを具体化させたＣや，教員たちとの授業づくりを媒介とした豊富
なコミュニケーションによって，授業の面白さや難しさを切に感じ取ったＨ
やＫの回顧は，まさにこのことを物語っているといえよう。つまりかれらにとっ
て教育実習とは，「リアリティ・ショック」の経験でありながらも同時に，教
職の魅力を再発見する契機であったといって間違いない。

一方で，実習前から教職志望の低い学生は，教員の熱意や使命感を肯定しが
ちな学校文化や，噴出する問題の責任を学校に帰する世論やマスコミの姿勢に
着眼した点で特徴的である。たとえば，教職ではなく大学院進学を志望してい
たＢは，学校や教員に関するさまざまな報道について「マスコミはもっとき
ちんと事実を伝えてほしい」，「半分タレントみたいな人が，偏見でモノを言わ
ないでほしい」と述べる。あわせて興味深いのは，同じく自身は教職と距離を
置く学生も，「子どものことをちゃんと考えている学校現場」や「どうしたら
子どものためになるか，ばっかり考えている」教員の姿に敬意をはらい（Ｆ），
教師や学校現場への一方的なバッシングに異を唱えていることだ。これに関わっ
て，詳しく取り上げたいのはＦの語りである。Ｆは，４年次の実習校で教員か
ら言われた「親の目を見すぎて自分のやりたいことができないのは，教師とし
ては間違っている」という言葉に強いインパクトを受け，いわゆる「モンスター
ペアレント」に真摯かつ毅然と対応する学校現場の姿勢に共感を示している。
誰よりも生徒のために，「教師たるものやらなければならない。親になんか負

けている場合じゃない」という教員の語りは，外部からの評価や批判を汲み取りつつも，教員としてできること，学校にしかできないことを常に追究する姿勢を彷彿とさせる。「みんな「同じ」ではなく，生徒個々の状況に合った指導を「平等」と位置づけるFの実習校の方針は，外圧よりもむしろ学校の中で内発的に生じる生徒への配慮や支援を生み出す学校経営が実現されていることを証明しているといえるだろう。

　同時に，前出のBはさらに「今の学校や教師にできることはそんなに多くない」と言及しながら，「学校での教師文化というか，教師の熱心さに疑問がある」とも述べている。Bは教職を自身のキャリアと重ね合わせるCやHと異なり，自明とされる学校や教員のあり方を，どちらかといえば批判的かつ分析的に捉えているといえよう。くわえて，先述したようにBは，いじめや体罰といった教育課題の噴出とともに批判の矛先を教師に向ける世論に対して懐疑的でもある。このような視点をもちながら教職を俯瞰する姿勢は，熱意ある教員を理想とし，自身もそれを目指す学生や，使命感の重要性を唱導する学校現場の文化とは一線を画すものだ。

　学校や教育の役割や課題を多角的な視点から再考しようとする時，このような「一歩引いた」位置からの疑問符は重要となる。なぜなら，「良きもの」とされる教師の熱意や使命感を相対化しながらBは，教職をただ批判するのではなく，「日々の授業をきちんとこなす方が大事なのではないか」と投げかけてもいるからだ。すなわち，加速する学校教育への期待や，それを遂行しようとする教員の使命感に裏打ちされた無境界性に追従するのではなく，「教員の仕事とはなにか」というシンプルな問いを媒介に，Bの問題意識は，授業やそれを担う教員の存在を改めて価値づけていると思われる。

第6節 おわりに
—服装指導からみえる日本の教育実習の可能性と課題—

　本章では，教育実習の経験における服装，礼節，立ち居振る舞いに関する指導に対する学生の受けとめや認識を，かれらの声から紡ぎだし，その背景を示した。そして，学生たちが大学における教員養成に求めるものや，現在の教育課題に関する考えから，多忙化や労働環境に対する不安と期待，日本の学校文化を相対化する視点を描き出すことができた。これらをふまえ，最後に，効果のある教育実習とはどのようなものか，という問いに改めて立ち戻り，日本の教育実習がもつ課題と可能性を示したい。

　本章で確かめたように，実習生の服装や態度に関する指導は事前および事中，それぞれの大学や実習校でなされているわけだが，学生の受けとめには，実習校が重視する規律や教員集団が共有する文化等を背景として明確な差異が生じている。なかでも，服装への指摘や言葉づかいの一律の修正・管理が目的化する状況下の学生の経験は，それをただ盲目的に守るだけでなく，教員同士あるいは実習生と教員との対話を支える安心感や信頼は乏しくなり，結果として，本来の目的である教育実践へのチャレンジを難しくしていることを浮き彫りにした。これは，今津が指摘するような規則遵守の「自己目的化」の常態化や「かたい学校」のあり方と解釈できよう。つまり，何のために規則があるのか，という発想よりもむしろその規則を遵守すること自体が目的化され，生徒にそれを守らせるための細かな指導が追求される[16]状況そのものだ。まさに，これこそが第1節の3.で問うた「他国よりも顕著な日本の学生の不安や自信のなさ」を生み出す主な要因だといえるだろうし，学生を教職から遠ざけてしまうファクターになりうるのではないだろうか。

　一方で，最低限の礼節やふるまいを求めつつ，学校全体が実習生の未熟さや努力を見守り，授業を軸としたサポートに力を注ぐ環境において，学生は教職に向けた自信や，継続的な学びへの意欲を途切れさせることなく，自身の教師

像をさらに具体化させている。やや大まかではあるが，これから教育に携わろうとする者にとってどちらの類型が望ましいかは，改めて言うまでもないだろう。

　しかし，学生の語りを等閑視せず，丁寧にその背景をさぐる一方で，前者のような学校を単に批判し，勤務する教員の力量や管理職の経営能力を問題視する姿勢は避けなくてはならない。その姿勢が，問題の本質を見極めることをさらに困難にしてしまうだろう。実は，学生Gの実習校では，毎朝，登校時間になると正門付近で生徒一人ひとりにあたたかく声をかけ，授業や生徒指導，部活動において丁寧に生徒と関わる教員の姿も，多く散見されている(17)。つまり，生徒の居場所やつまずきを支えようとする教員のまなざしや，熱意はこの学校においても決して失われてはいないのだ。

　では，上記した学校の類型の違いはどこから生じるのだろうか。

　その答えを手繰り寄せるためには，教員個々ではなく組織として学級経営や授業づくり・実践を支える自律性や内発性を各学校がいかにもちうるか，という視点が不可欠となる。浜田博文は，教育実践を，未熟で個性豊かな子どもたちの集団を相手に行われるものであり，多くの迷いや試行錯誤を伴う教師自身の判断と創意によって成り立つと捉えながら，その教師たちが「目を輝かせて」仕事に取り組める条件として「組織」という観点を提示している(18)。ここで立ち戻るべきは，かつてバーナード（Barnard, C.）が示した「組織（organization）概念」である。その概念とは，①互いに意思を伝達できる人がいること（コミュニケーション），②それらの人々が行為を通して貢献しようとする意欲をもっていること（貢献意欲），③共通目的の達成を目指していること（共通目的）(19)に整理されている。

　すなわち，これら3つの要素が学校で維持されているか，あるいは，これらを充実させることに教員自身が意識を向けているかが，組織として眼の前の子どもたちに向かってよりよい実践を生み出す力や，教員自らの向上に深く寄与すると考えられる。よりわかりやすくいえば，コミュニケーションを通した共通目的の再確認と，その安定がもたらす貢献意欲は教員間での指導観の共有や

授業改善，やりがいや達成感の醸成を長期的に促すといえるのではないだろうか。このような学校がもつ多様な「力」が，個々の教師の思考や発想を抑え，型にはめ，そこからブレないように細微なチェックを徹底する組織で生まれにくいことは疑いようもない。

　この視点を介して改めて実習生の語りを俯瞰すれば，児童・生徒のみならず教員集団にもそのままあてはまる組織「力」が，結果として教育実習生の個性や力量を表現する機会をはじめ，よりよい授業実践と向き合う力量に深く影響を及ぼし，教育実習の効果を左右するという事実に立ち至る。

　インタビュー対象者の少なさや時間の制限，教職志望との相関関係の分析等，残された課題は多いが，「効果のある教育実習とはなにか」という問いに，学生の実感から肉迫し，学校組織のあり方を映し出せたことは本章の成果といえよう。ここで示した実習生の語りとは，取りも直さず，日本の学校組織の自律性・内発性の多寡，広がり，クオリティを判断するための，まごうことなき重要なリファレンスと言っても過言ではない。

〔大和　真希子〕

注

(1) 岩田康之「教員養成改革の日本的構造─『開放制』原則下の質的向上策を考える」日本教育学会『教育学研究』第 80 巻第 4 号，2013 年，p.18.

(2) 岩田康之「国際比較にみる教育実習の日本的構造 (特集 教育実習 出会いと学びあい)」『教育』880 号，教育科学研究会，2019 年，p.21.

(3) 同上，pp.19-26.

(4) 岩田康之「東アジア 4 都市・教育実習生意識調査 (2017 年度実施調査・データ集)」科学研究費助成事業 (学術研究助成基金　基盤研究 C) 2018 年 3 月

(5) ソウル教育大学校の教育実習校におけるヒアリング調査より。ソウル市内の新道林小学校と独立門小学校において，2 名の教員に実習生の配置や指導内容，実習生との関わりに関する聞き取りを行った。(聞き手：岩田康之，早坂めぐみ。通訳：金慇雅。2015 年 7 月 15 日〜7 月 16 日)。

(6) 岩田康之・大和真希子・山口晶子・早坂めぐみ「『開放制』原則下の実践的教師教育プログラムの運営に関する研究 (3)：運営組織と実習校の配置をめ

ぐる諸課題」『教員養成カリキュラム開発研究センター研究年報』Vol.16,
2017 年，pp.23-34 より。ここでは，台湾の状況も詳細に報告されている。
台湾では各実習校が実習生を公募し（人数，科目等，選考方法等は各学校が
決定），学生は各校を見比べながら自ら実習校を決定する。実習校を自身で
選択したうえで実習に臨むため，学生の多くは実習校の校風や指導方針を熟
知している。実習校選定における地方教育行政当局や大学の介在は少ない。

(7) 岩田，前掲注(1)，pp.16-18.

(8) 上海師範大学における 6 名の学生へのインタビュー調査より（2016 年 3 月 29
日）。インタビュアーは岩田康之，山口晶子，大和真希子の 3 名。それぞれ
の学生の専攻は数学，物理学，教育技術であり，実習校は中学校もしくは高
等学校。実習期間は 2 ヵ月半〜半年と学生によって異なるが，いずれにして
も日本の実習期間よりも長い。

(9) 岩田，前掲注(3)。実習後の変化として「小学校での教科指導には自信がつ
いた」という項目に対する平均値は，東京の 3.53 に対してソウルが 3.98，上
海が 3.83，香港が 3.89 であった。また，「小学校での学級経営には自信がつ
いた」という項目については，東京が 3.04，ソウルが 3.71，上海が 3.69，香
港が 3.82 であった。「あまり感じない」と「全く感じない」と答えた割合の
合計をみると，前者の項目でソウルは全体の 7％，上海は 8％，香港は 6％に
対して東京は 27％であった。後者の項目でも，ソウルは 10％，上海は
11％，香港は 6％だったが，東京は 35％と際立って高い。

(10) この 3 つの類型は，すでに 2015 年に実施したインタビュー調査で明らかとなっ
ている。
岩田康之・大和真希子・山口晶子・早坂めぐみ「『開放制』原則下の実践的
教師教育プログラムの運営に関する研究(2)：実習指導体制と実習生の意識
に着目して」『教員養成カリキュラム開発研究センター研究年報』Vol.15,
2016 年，pp.31-42.

(11) 田中るみこ・岡田充弘・石田靖弘・西村敬子「小学校教育実習の学びと意義
―自己評価とアンケート調査による前後比較―」『中村学園大学発達支援セ
ンター研究紀要』第 10 号，2019 年，pp.85-92.

(12) 西尾美紀・安達智子「教職志望大学生の教師効力感変化に影響を及ぼす要因
の検討―教育実習中の体験内容に着目して―」『大阪教育大学紀要』2015 年，
pp.1-10 や春原淑雄「教育実習体験が教育学部生の教師効力感に与える影響」
『学校教育学研究論集』17，2008 年，pp.17-26，春原淑雄「教育学部生の教
師効力感に関する研究―尺度の作成と教育実習にともなう変化」『日本教師
教育学会年報』16，2007 年，pp.98-108 など。

(13) 西尾・安達，前掲注(12)，2015 年，pp.8-9.

(14) 中央教育審議会「これからの学校教育を担う教員の資質能力の向上について

〜学び合い，高め合う教員育成コミュニティの構築に向けて」（答申）平成27年12月21日。本答申は，教員が備えるべき資質能力を使命感や責任感，教育的愛情，教科や教職に関する専門的知識，実践的指導力，総合的人間力，コミュニケーション能力等と提言しつつ，学び続ける教員像の確立を強く求めている。大学に対しては，実践的指導力の基礎の育成に資するとともに，教職課程の学生に自らの教員としての適性を考えさせる機会として学校現場や教職を体験させる機会の充実が必要とされた。これに先立って平成24年の中央教育審議会答申「教職生活の全体を通じた教員の資質能力の総合的な向上方策について」でも，思考力・判断力・表現力等の育成や，いじめ・暴力行為・不登校等への対応，特別支援教育の充実，ICT活用等の諸課題が示され，それらに対応できる教員の育成・輩出が大学に求められた。

(15) 大和真希子「教師教育における『実践』概念の再考」岩田康之・三石初雄編『現代の教育改革と教師—これからの教師教育研究のために—』東京学芸大学出版会，2011年，pp.64-65.

(16) 今津孝次郎『変動社会の教師教育』名古屋大学出版会，2017年，pp.127-132。今津は，1970年代から世界的に展開されてきた学校批判論を概観し，強制や管理が独占した学校のあり方について「全制的施設」(total institution)というライマーの考え方を引用している。さらに，これを一般化するため，学校の姿を「かたい学校」と「やわらかい学校」と類型化した。その中で，学校の「管理主義教育」論を構成する要素は，身体の統制，規則順守の自己目的化，教員集団の弱体化，学校の地域社会からの遮断という4つに整理されている。

(17) Gの他に，この学校で実習を行った学生が語ったエピソードより。インタビュー調査はGから協力を得られたため，この学生の語りは本章で使用していない。

(18) 浜田博文『学校を変える新しい力—教師のエンパワメントとスクールリーダーシップ』小学館，2012年，p.64.

(19) C.I.バーナード（山本安次郎他 訳）『新訳 経営者の役割』ダイヤモンド社，1968年，pp.75-77.

第5章

実習指導の実際と実習生の受けとめ (2)
——4都市比較調査から——

第1節　4都市比較調査の概要

1. 調査のデザイン

　教育実習生の意識に関する国際比較を目的とし，本研究グループは 2017 年に日本，韓国，中国，香港の 4 地域において，「東アジア 4 都市・教育実習生意識調査」(Questionnaire Research 2017 for Student Teachers among 4 Cities in East-Asia Region) と名づけた質問紙調査を実施した。質問項目については，まず本研究グループにおいて日本語と英語でドラフトを作成し，それを各地域でこの調査に協力していただける大学の担当者 (大学教員) に送付して構成や内容に関しての調整を図った。特に香港教育大学の學校協作及體驗事務處の石美寶・姚偉梅の両氏との間では，国際的に適用可能な教育実習の効果検証ツールを開発するという目論見のもと，各項目について綿密なすり合わせを行っている。

　その後，修正された日本語版をもとに，実施する各地域の言語 (ハングル，簡体字中国語，繁体字中国語，英語) に翻訳し，内容および形式に差が生じることがないように留意した。回答に際しては「教育実習を振り返って，以下の各項目についてどのように感じていますか」と問いかけ，各実習生の教育実習経験を想起してもらい，当てはまる番号を 1 つ選択してもらうという形で行った。質問紙および，対象者宛に行った趣旨説明については，本章末 (pp.161-162) に日本語版 (東京で実施したもの) を採録してある。

　調査対象者は小学校教員養成プログラム (学士課程) に在籍する最終年度の学生であり，4 地域において計 635 名の回答を得た (内訳は**表 5.1**)。なお，日本・

東京では東京学芸大学，韓国・ソウルではソウル教育大学校，中国・上海では上海師範大学[1]，香港では香港教育大学の各大学の協力により，質問紙調査を実施することができた。実施の時期は，各大学で必修とされている最後の実習が終わった後に設定しており，2017年の5月から12月の間になっている（**表5.1**参照）。

　これら4大学は東アジアの大都市に位置し，教員養成に方向づけられた比較的規模の大きい大学であり，特に学士課程における小学校教員養成プログラムについては，いずれもそれぞれの地域で主導的な立場にある。それゆえ，各都市の実習生全体を母集団としてサンプリングを行った調査とは異なり，調査協力者（実習を経験した学生たち）は，それぞれの都市の状況とともに，教育実習に関わる各大学の運営や指導の体制にも規定されているため，結果を一般化するには一定の留保を必要とする。

　たとえば東京学芸大学においては，「東京都公立学校教育実習取扱要綱」（第1章参照）に基づいて都内の他の大学の実習生と合わせる形でそれぞれの実習校を配当されている。規模が大きいこともあって，実習校配当に際して実習生の希望が反映されることは原則としてない。しかしながら，都内にあってもより

表5.1　回答者の属性

	回答者	男性	女性	無回答	調査時期	言語
東京	102	43	59	0	2017年7月−8月	日本語
％		42.2	57.8	0.0		
ソウル	160	28	122	10	2017年5月	韓国語
％		17.5	76.3	6.3		
上海	115	5	109	1	2017年6月	中国語（簡体字）
％		4.3	94.8	0.9		
香港	258	54	183	21	2017年12月	中国語（繁体字）／英語の併記
％		20.9	70.9	8.1		
計	635	130	473	32		
％		20.5	74.5	5.0		

小規模な大学においては，実習生の数も少ないがゆえに，異なる体制のもとで実習校の配当がなされ，実習生の意識も変わり得るのである。これは特に東京において，対象とした大学以外でより多くの教員養成プログラムが提供されているということに注意を払う必要があろう。加えて日本では教育実習を含む教員養成プログラムに関する政府のコントロールが他地域に比べて弱い（第2章参照）ため，大学ごとの運営体制による振れ幅も大きいのである。

このように限定性をもってはいるものの，4都市の実習生に同じ項目での質問を示して意識の相違を問う今回の調査は，教育に関わる比較研究の新たな展開になりうるものであろうと考えている。

なお以下の記述では単に都市名だけ（東京・ソウル・上海・香港）を略記していくこととする。

2. 各都市の概要

質問は22項目あり，大別すると，(a)教育実習自体をどう受けとめたか(Q1-14)，(b)教育実習を経ての変化をどう意識しているか(Q15-22)に二分される。各項目について「5：強く感じる」「4：少し感じる」「3：どちらとも言えない」「2：あまり感じない」「1：全く感じない」の五件法での回答を依頼した。

各項目についての回答の平均値は**表5.2**のとおりである。

この回答の分布に関わる集計から，4都市・4大学それぞれの実習生の意識のありようとして，それぞれ以下のような特質が指摘できる。そしてそれらの特質は，第2章で述べたような各地域の教員養成システム，なかでも教育実習に関わる組織運営体制に起因するものとみられるのである。

以下，各地域について結果の概要[2]を述べていく。

(1) 東京

全般的に4都市の中で，それぞれの項目について「5. 強く感じる」の比率が最も高い項目が多くなっており，それらの多くは実習それ自体の受けとめに

表 5.2 回答の平均値（太字は 4 都市中最高値，斜字は最低値を示す）

	質問項目	平均値			
		東京	ソウル	上海	香港
1	実習校は事前にイメージしたとおりの学校だった	*3.19*	**3.94**	3.76	3.50
2	実習校の校風に親近感を覚えた	4.16	**4.51**	3.79	*3.75*
3	実習校の児童たちに親しみを感じた	**4.88**	4.61	*4.09*	4.33
4	実習校の教職員に親しみを感じた	4.11	**4.31**	*3.98*	4.15
5	実習校のある地域に親しみを感じた	**4.47**	4.02	3.99	*3.49*
6	実習校では緊張を感じた	**3.95**	3.34	*3.04*	3.34
7	実習校での身だしなみに気を遣った	**4.46**	4.11	*2.93*	4.11
8	実習校での礼儀態度に気を遣った	**4.70**	4.30	*2.93*	4.14
9	実習中の授業準備には苦労した	**4.26**	3.92	3.71	*3.13*
10	実習中の生徒指導には苦労した	**3.78**	3.33	3.58	*3.17*
11	実習校の先生は熱心に指導してくれた	**4.63**	4.36	4.38	*4.17*
12	実習中に他の実習生たちと相談ができてよかった	**4.63**	4.59	4.25	*4.07*
13	大学の先生の指導と実習校での指導方針は一致していた	*3.00*	3.06	**3.40**	3.20
14	大学での事前指導は実習を行う上で参考になった	3.24	*2.46*	**3.70**	3.33
15	実習前よりも教職に就こうという気持ちが強まった	4.07	**4.27**	3.68	*3.52*
16	実習を通じて教育課題への理解が深まった	**4.38**	4.20	4.18	*3.97*
17	小学校での教科指導には自信がついた	*3.53*	**3.98**	3.83	3.89
18	小学校での学級経営には自信がついた	*3.04*	3.71	3.69	**3.82**
19	小学校での教科外指導には自信がついた	*3.38*	3.73	3.64	**3.78**
20	小学校での事務仕事の重要さを知った	**4.33**	4.14	4.25	*4.01*
21	学校組織の一員としての自覚ができた	4.01	**4.12**	4.10	*3.76*
22	実習と大学の授業との関連がよくわかった	3.22	*3.18*	**3.66**	3.57

関することに集中している。

　東京の教育実習生たちは，実習指導教員から熱心な指導を受け，また実習を通じて教育課題についての理解が深まったと強く感じている（Q11, 16）。しかしながらその一方で，実習生たちはナーバスになりがちで，実習において違和感を覚える度合いが高い傾向にある（Q6, 7, 8, 9, 10）。加えて，自己肯定感も低い（Q17, 18, 19）。

前述のように，東京の実習生たちは，他に比べて実習校を事前に知る機会が乏しく，また期間も短い。それゆえ実習自体が教育の現場を知る要素として大きく作用している反面，実習校における実習指導の教員が熱心に指導するあまり，ともすれば自信を失いがちで，またその「熱心さ」ゆえのオーバーワークの再生産構造に巻き込まれ，違和を覚えながらも実習に取り組んでいる，という実情が見て取れる。

(2) ソウル

ソウルにおいては，実習生たちは2年次から4回にわたる教育実習を近隣の実習校において行っている（第2章参照）。それゆえソウルの実習生たちは，実習校や，実習校の児童たちや，実習校の教員たちに強い親しみを覚える傾向にある（Q1-Q4）。しかしながらその一方で，大学と教育実習校の連携については実習生たちにあまり強く認識されていない（Q14，22）。

ソウルの実習生たちの意識として特筆すべきは，実習校との一体感が強い（組織の一員としての意識＝Q21）ことに加えて，意欲が高く，また自信にあふれているという傾向にあることである（Q15，17）。

これらは，おそらくは他の三地域と異なって「閉鎖制」的なシステムの中で小学校の教員養成が行われており，限られた少数の実習生が，決まった実習校に配置されるという状況の中で実習が行われるという事情に起因するものであろうとみられる。

(3) 上海

上海の実習生たちは，実習校と大学との緊密な関係を意識する傾向が強い（Q13，14，22）。これはおそらく，大学の指導教員と，実習校の指導教員との連携が強いことに起因するものであろうとみられる。中国においては，小学校においても教科担任制が原則となっており，それゆえ教育実習の指導は「教科」を単位として行われる。大学の当該教科に関わる教育組織と，実習校の当該教

科の教員たち（その多くは師範大学の卒業生である）との連携の中に，実習生たちが組み入れられる形になるのである（第2章参照）。

　こうした形が，実習における指導が「教科」を中心に行われる傾向を生んでいるとみることができる。そのように考えると，上海の実習生たちが身だしなみや立ち居振る舞いに気遣う必要がないのかもしれない（Q6，7，8）。

(4) 香港

　香港においても，中国（本土）同様に，教科担任制が採られており，それゆえ大学の実習指導教員の少なくとも1名はその実習生の専門教科の教員が当たる。このことゆえ，実習生は実習校の指導教員に対する満足度は低い（Q11）ものの，授業の準備や生徒指導などに困難を感じる度合いもまた低い（Q9，10）。ただし，実習校への配当や実習指導も個人単位で行われる傾向が強いためか，実習期間中に他の実習生たちとの交流によって成長する機会はあまり強く認識されていない（Q12）。

　以上の全体的な概要を踏まえ，次節以降では，主に実習指導体制に絞って分析を行っていく。

第2節　実習指導体制に関する実習生の意識の4都市比較

1. 比較研究の視角

　本節は，「東アジア4都市・教育実習生意識調査」における指導体制に関わる調査項目として，以下の3項目に着目する。

　・Q13　大学の先生の指導と実習校での指導方針は一致していた
　・Q14　大学での事前指導は実習を行う上で参考になった
　・Q22　実習と大学の授業との関連がよくわかった

　回答は先に述べたように5件法によるが，N＝「私にはあてはまらない」（非

該当）は欠損値として扱い，分析には含めないこととする。

　本分析は，3段階から成る。

　　・〈分析1〉　都市による教育実習の指導体制に関する大学生の意識の差異（第
　　　　　　　　3節）
　　・〈分析2〉　教育実習指導体制評価スコアと教員志望の意識の関連（第4節）
　　・〈分析3〉　東京における教員志望の意識と関連のある項目の探索（第5節）

　〈分析1〉では，教育実習の指導体制に関する3項目（Q13, Q14, Q22）の結果を集計し，地域差を検討する。これにより，実習生の視点からみた東アジア4都市の実習指導体制の評価の違いが明らかになる。〈分析2〉では，実習指導体制の評価と教員志望の意識との関係性を問う。一般的な推論として，実習生が実習指導体制を低く評価した地域ほど，教育実習に困難が生じるため，実習生の教員志望の意識は低くなる（＝実習指導体制の評価の高い地域ほど，実習生の教員志望の意識も高まる）と予想される。しかしながら，結果を先取りすれば，その予想が当てはまる都市とそうでない都市があることがわかった。さらに，東京は他の3都市と若干異なる結果となった。最後に，〈分析3〉として，そうした独特の位置にあるともいえる東京に限定し，実習後の教員志望の高まりと，有意に関連のある項目を探索した。これらの分析結果は，一都市一大学の実習生を対象とした質問紙調査から得られるものであることから，一般化可能性が十分でない点は留意すべきである。

2.　問題設定

　本章では，実習指導体制に関する教育実習生の意識の国際比較分析を行う。教育実習生は自身が経験した教育実習の指導体制について，どのように評価したか。そして，実習生の目から見て，その指導体制にはどのような課題があるだろうか。この問いに答えるために，本章は，東アジアの4都市において実施した教育実習を経験した大学生に対する意識調査の分析を行う。

　教育実習の指導体制は，各国・各都市の教員養成制度によって異なる（本書

第2章を参照)。こうした制度的な差異は，各都市の教育実習生の意識にも影響を与える可能性があるだろう。教育実習は，それを経験した大学生「個人」の大卒後の職業選択に影響を与えるのみならず，各都市の「教員という職業」がどのような経験を経て成立するのかを考えるうえで見逃せないテーマとして重要である。したがって，都市ごとの教育実習の制度や実態に着目するという着眼点は，教育学分野の比較研究として有意義である。

　本章の独自性は，教育実習を経験した大学生（以下，実習生）の視点から，その指導体制の特質を浮かび上がらせることである。第2章の教員養成制度の各地域の特質の記述とあわせて，本章の意識調査の結果をお読みいただきたい。両者が明らかになってはじめて，教育実習の制度的・実態的側面を捉えることができるだろう。その研究の一助として，本章の分析が位置づくことになる。

第3節　〈分析1〉都市による教育実習指導体制に関する大学生の意識の差異

1．教育実習の指導体制に関するクロス集計

　まず，教育実習の指導体制に関する以下の3項目のクロス集計を，項目ごとに見ていこう（図5.1，図5.2，図5.3）。3項目とはすなわち，前節でみた「Q13　大学の先生の指導と実習校での指導方針は一致していた」，「Q14　大学での事前指導は実習を行う上で参考になった」，「Q22　実習と大学の授業との関連がよくわかった」のことである。

　「Q13」の大学と実習校の指導方針の一致について，4都市のなかでは香港と上海において肯定的に評価した（強く感じる＋少し感じる）者が4割を超え，東京とソウルよりも多かった。東京については，「どちらとも言えない」が最も多く（44.1％），4都市において最も多かった。東京における大学と実習校の指導方針の一致の度合いについては，実習生にとって肯定的とも否定的とも評価しがたいものという実感があったのかもしれない。

「Q14」の大学での事前指導の有効性は，都市による差が大きく出ている結果となった。最も肯定的なのは上海であり，事前指導が「参考になった」と「強く感じる」者，および，「少し感じる」者の割合は，4都市中最多の合計64.0%であった。これに対して，最も否定的な評価をしたのはソウルであった。事前

図 5.1　Q13「大学の先生の指導と実習校での指導方針は一致していた」のクロス集計
（カッコ内は実数）

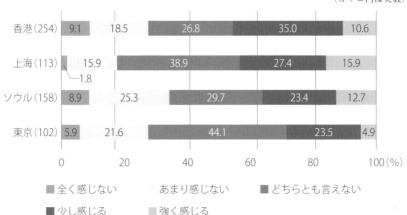

図 5.2　Q14「大学での事前指導は実習を行う上で参考になった」のクロス集計
（カッコ内は実数）

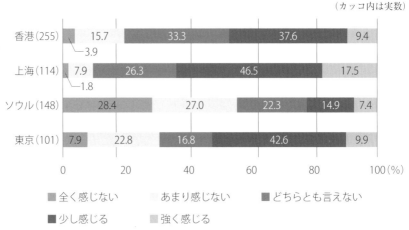

図5.3　Q22「実習と大学の授業との関連がよくわかった」のクロス集計

（カッコ内は実数）

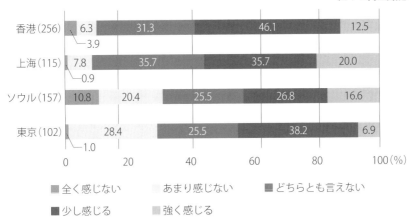

■ 全く感じない	■ あまり感じない	■ どちらとも言えない
■ 少し感じる	■ 強く感じる	

　指導が「参考になった」と「あまり感じない」者，および，「全く感じない」者の割合は55.4％と過半数にものぼる。なお，東京は肯定的な回答の割合の多さでみると，上海に次いで事前指導の有効性が評価された。

　「Q22」の実習と大学の授業との関連については，特に香港と上海が肯定的に最も高く評価した。両者の関連が「よくわかった」と「強く感じる」者，および，「少し感じる」者の合計は香港において58.6％，上海において55.7％であった。東京の特徴としては，ソウルほど深刻ではないが，実習と大学の授業との関連に関して「よくわかった」と「あまり感じない」者と「全く感じない」者の合計は3割近くにのぼる。この結果から，東京の大学の授業内容が，教育実習と関連していない可能性が推測される。この項目の肯定的評価の高い香港や上海における実習と大学の授業との関連について，具体的な取り組みを参照し，日本が学ぶことは多いのかもしれない。

2. 実習指導体制の評価に関する一元配置分散分析（対応なし）

　次に，実習指導体制に関する各項目の平均点を地域ごとに算出し，一元配置分散分析（対応なし）を行った。前項では，各項目の回答状況を目視で捉えられ

るように結果を提示したが，ここでは都市による差が統計的に有意な差である
かどうかを検討する。

① 「大学の先生の指導と実習校での指導方針は一致していた」の回答について，
　4都市で差はあるか（図5.4）

「Q13」に関して，一元配置分散分析（対応なし）を行った。Games-Howellの
多重比較の結果，東京＜上海，ソウル＜上海であった（5%水準）。

② 「大学での事前指導は実習を行う上で参考になった」の回答について，4都
　市で差はあるか（図5.5）

「Q14」に関して，一元配置分散分析（対応なし）を行った。Games-Howellの
多重比較の結果，ソウル＜東京，東京＜上海，ソウル＜上海，ソウル＜香港，
香港＜上海であった（5%水準）。

図5.4　Q13「大学の先生の指導と実習校での指導方針は一致していた」の一元配
　　　　置分散分析（対応なし）の結果

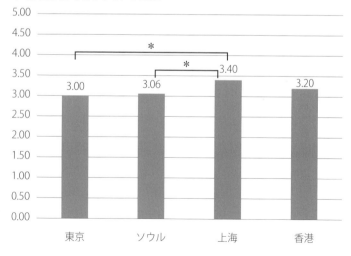

図 5.5　Q14「大学の事前指導は実習を行う上で参考になった」の一元配置分散分析（対応なし）の結果

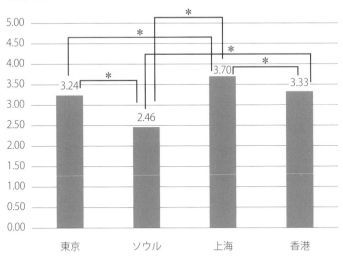

図 5.6　Q22「実習と大学の授業との関連がよくわかった」の一元配置分散分析（対応なし）の結果

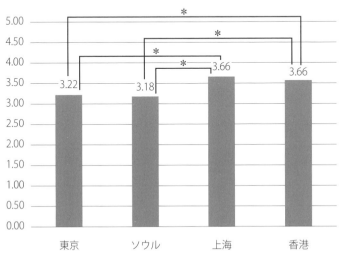

③「実習と大学の授業との関連がよくわかった」の回答について，4都市で差
はあるか（図5.6）

　「Q15」に関して，一元配置分散分析（対応なし）を行った。Games-Howell の
多重比較の結果，東京＜上海，東京＜香港，ソウル＜上海，ソウル＜香港で
あった（5%水準）。

3．小括

　以上の3項目の分析より，総じて上海の実習生は，その実習指導体制を高く
評価していることがわかった。上海と同様の傾向は香港においてもみられる。
他方，東京とソウルの実習生は，上海と香港の実習生に比べると，実習指導体
制の評価が低い傾向にあることがわかった。

第4節　〈分析2〉教育実習指導体制評価スコアと教育実習後の教員志望の意識の関連

1．教育実習指導体制評価スコアの作成

　ここでは教育実習の指導体制に対する実習生の評価と，教員志望の意識との
関連を問う。学生の教員志望の意識が実習によって実習前よりも強まることは，
教育実習の効果のひとつであろう。その熱意がどの程度持続し，また，実際の
教員就職にどの程度結びつくか等をより具体的に知りたいところではあるが，
本調査のデータからは検証ができない。その一方で，逆説的な推論にはなるが，
少なくとも教育実習後に教員志望の意識が低下したということは，教育実習が
学生に与えた負の影響と見ることができるだろう。実際に学校現場で，教員の
仕事を体験したあとに教員志望の意識が下がるということは，実習に送り出し
た大学側のサポート不足であれ，実習校の指導や受け入れ体制の問題であれ，
教育実習の指導体制の課題に関わる問題である。本節では，実習指導体制の評
価と実習後の教員志望の意識の関連について考えてみたい。

表 5.3　教育実習指導体制評価スコアの記述統計量

	度数	最小値	最大値	平均値	標準偏差
東京	101	2.0	12.0	7.5	2.3
ソウル	146	1.0	13.0	6.7	3.0
上海	113	2.0	13.0	8.8	2.4
香港	251	1.0	13.0	8.1	2.4

　分析の準備として，まず，前節で教育実習指導体制の評価に使用した Q13，Q14，Q22 の 3 項目を合成し，「教育実習指導体制評価スコア」を作成した。これらの各項目は，先に述べたように 1 から 5 までの値をとる。これら 3 項目の合計から 2 を引くと，最大値 13，最小値 1 をとる値に変換できる。なお，変数の合成の信頼性をみるために信頼性分析を行った。内的整合性を表す α 係数は 0.712 であり，これら 3 項目は統合に耐えうると判断された。

　「教育実習指導体制評価スコア」の記述統計量は表 5.3 のとおりである。

　教育実習指導体制評価スコアと教育実習後の教員志望の意識との関連を検討する前段階として，まず教育実習後の教員志望の意識に関する都市による差について検討してみよう。

2.　教育実習後の教員志望の意識は，4 都市で差があるか

　質問紙の「Q15」では，「実習前よりも教職に就こうという気持ちが強まった」という設問に対して，5 件法で回答を求め，N＝「私にはあてはまらない」（非該当）は欠損値とした。

　都市ごとに Q15 の回答のクロス集計を行ったところ（図5.7），ソウルにおいて肯定的な回答の割合が最も多かった。「実習前よりも教職に就こうという気持ちが強まった」かという問いに対して，「強く感じる」と「少し感じる」と回答した者の合計は 84.4％にものぼり，ソウルの大半の実習生が教育実習を通じて教職に就こうという意識を強めたことが明らかである。東京は，ソウルほどではないものの，ソウルに次いで肯定的な回答が多く，「強く感じる」と「少

し感じる」の回答者の合計は74.0％であった。したがって，ソウルや東京の教育実習は，実習生の教員志望にポジティブな影響を与えたとみることができる。

　他方，香港と上海では「どちらとも言えない」が，ソウルと東京よりも多かった。「どちらとも言えない」という回答は，教育実習によって教員志望の意識に特別な変化はなかったと解釈すべきであろう。

　問題にすべきは，実習を経験し，「実習前よりも教職に就こうという気持ち」が「強まらなかった」と否定的な回答（「全く感じない」,「あまり感じない」）をした者である。これは香港において最も多く12.5％，ソウルにおいて最も少なく2.6％であった。上海は11.4％で，東京はそれと大差がなく，11.0％であった。香港と上海の実習生は，比較的その実習指導体制を肯定的に評価したが，実習による教員志望の意識の強まりは，ソウルと東京ほどではない。他方，ソウルの実習生は，その実習指導体制を否定的に評価する向きが強かったが，実習により教員志望の意識が強まった者が圧倒的に多く，ソウルにおける実習指導体制は教員志望にほとんど影響を与えないという可能性が導かれる。

　次に，「Q15」に関して，都市による回答の差異を調べるために平均値を算

図 5.7　Q15「実習前よりも教職に就こうという気持ちが強まった」のクロス集計

（カッコ内は実数）

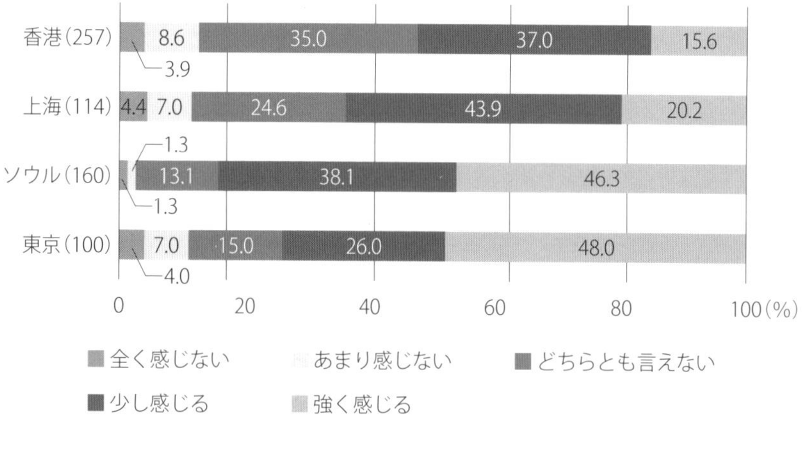

	全く感じない	あまり感じない	どちらとも言えない	少し感じる	強く感じる
香港(257)	3.9	8.6	35.0	37.0	15.6
上海(114)	4.4	7.0	24.6	43.9	20.2
ソウル(160)	1.3	1.3	13.1	38.1	46.3
東京(100)	4.0	7.0	15.0	26.0	48.0

■ 全く感じない　　あまり感じない　■ どちらとも言えない
■ 少し感じる　　強く感じる

図5.8 Q15「実習前よりも教職に就こうという気持ちが強まった」の一元配置分散分析（対応なし）の結果

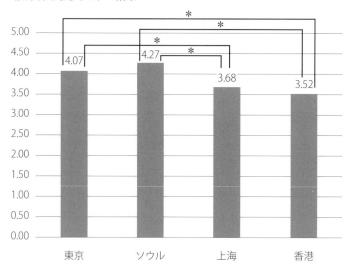

出し，一元配置分散分析（対応なし）を行った（**図5.8**）。Games-Howell の多重比較の結果，上海＜東京，香港＜東京，上海＜ソウル，香港＜ソウルであった（5％水準）。

　したがって，東京とソウルの実習生は，香港と上海の実習生よりも，有意に実習前よりも教職に就こうという気持ちが強まったといえる。これは各都市1大学の実習生を対象にした質問紙調査であるため，解釈については限定的であるべきであるが，実習指導体制についての評価が相対的に低い東京とソウルにおいて，実習後に教員志望の意識が強まったという結果は，逆説的で興味深い。特に，ソウルにおいては，教員志望が強まったと回答した者が大多数であることから，実習指導体制の評価が教員志望に影響しないという可能性さえも推測される。では，実習指導体制の評価と教員志望とのあいだには，どのような関係があるのか，実際に確認していこう。

3. 教育実習指導体制評価スコアは教員志望の意識に関連するか

　質問紙調査を実施した4地域について，教育実習指導体制評価スコアと，実習後の教員志望の意識（Q15）の関連をみるために，都市ごとに相関係数を算出した。教育実習指導体制評価スコアは間隔尺度，Q15 は順序尺度であることから，相関係数はスピアマンの順位相関係数を算出した（表5.4）。相関係数は，絶対値が0.2未満でほぼ無相関，0.2〜0.4で弱い相関，0.4〜0.7で強い相関，0.7以上でかなり強い相関といわれている[3]。

　その結果，上海，香港において強い正の相関，東京において弱い正の相関が認められた。ソウルは有意な正の相関関係を認められず，ほぼ無相関であった。つまり，上海と香港においては，教育実習指導体制について高く評価した者ほど，実習後に教員志望が高まったという関連が明確に認められた。反対に，ソウルにおいて両者に有意な関連が認められないという結果を得た。これに対して，東京は，上海・香港（強い正の関連）とも，ソウル（有意な関連なし）とも異なり，「弱い正の相関」が認められた。したがって，東京は，教育実習指導体制について高く評価した者ほど，実習後に教員志望が強まったが，その関連は上海と香港ほどの強さではなかったということである。この意味において，東京は独特であるともいえる。では，東京において実習前よりも教職に就こうという意志が強まった者は，どのような傾向がある者だったのだろうか。この疑問について，〈分析3〉で検討したい。

表 5.4　教育実習指導体制評価スコアと Q15 の相関係数（スピアマンの順位相関係数）

	相関係数
東京	.234[*]
ソウル	.128
上海	.568[**]
香港	.419[**]

注　＊＊は1％水準で有意。＊は5％水準で有意。

第5節 〈分析3〉東京における教員志望と関連のある項目の探索

〈分析2〉より，本調査の対象となった4都市のうち，東京の独自性が示された。東京の独自性とは，教育実習指導体制と教員志望の強い正の相関関係が認められた上海と香港とも，ほぼ無相関であったソウルとも異なり，東京だけが弱い正の相関関係が認められたことを指す。この点については，結果の一般化可能性に留意が必要であるものの，今後の研究的発展のヒントを得るために，いま一歩分析を進めてみたい。

東京において，実習後の教員志望の意識は，実習指導体制以外にどのような内容と関連するのであろうか？これを検討するために，分析対象者を東京の実習生に限定し，「実習前よりも教職に就こうという気持ちが強まった」(Q15)と，それ以外の項目との関連を調べることにした。両変数とも順序尺度であることから，スピアマンの順位相関係数を算出した。

結果として（**表5.5**），教員志望と有意な正の相関が認められた項目は，実習校に関する親しみをもてたこと(Q2，Q5，Q3)，実習校やその教員との関係(Q21，Q11)，実習を通じた教育課題への理解の深まり(Q16)，指導に対する自信をもてたこと(Q17，Q18，Q19)である。これらの結果から，実習校との良好な関係性や実習から得られたプラスの成果が，東京の実習生の教員志望の強まりに関係していると総括できよう。なお，有意な相関関係が認められた項目のうち，教育実習指導体制評価スコアに含まれた項目はQ22のみであった。教育実習指導体制評価スコアとQ15とが弱い正の相関関係でしかなかったのは，このことによると考えられる。

まとめるならば，東京の実習生の教員志望の強まりは，実習校との関係性や実習の成果が重要であり，それに比べれば実習生による教育実習指導体制の評価はさほどでもないことがわかった。たとえば，実習校との相性や，実習校での指導教員との関係性，実習校の組織への所属意識のめばえといった「実習環

表 5.5　Q15 と有意な相関が認められた項目（数値はスピアマンの順位相関係数）

	Q2	実習校の校風に親近感を覚えた	.401**
強い正の相関	Q5	実習校のある地域に親しみを感じた	.400**
	Q16	実習を通じて教育課題への理解が深まった	.433**
	Q21	学校組織の一員としての自覚ができた	.499**
	Q1	実習校は事前にイメージしたとおりの学校だった	.254*
	Q3	実習校の児童たちに親しみを感じた	.234*
	Q11	実習校の先生は熱心に指導してくれた	.260**
弱い正の相関	Q17	小学校での教科指導には自信がついた	.330**
	Q18	小学校での学級経営には自信がついた	.375**
	Q19	小学校での教科外指導には自信がついた	.399**
	Q22	実習と大学の授業との関連がよくわかった	.245*

注　**は 1%水準で有意，*は 5%水準で有意。

境への適応」が，実習後の教員志望を高めやすいと考えられる。また，教育課題については大学の講義で学んだうえで実習に参加していると思われるが，実習を通じてその理解が深まったという「学びの実感」が得られたこともまた同様に，教員志望を高めることにつながると考えられる。

第6節　まとめ

　本章では，「東アジア4都市・教育実習生意識調査」の結果から，東京，ソウル，上海，香港の4都市の傾向を確認したのち，実習指導体制についての比較分析を行った。その結果をまとめよう。

　〈分析1〉では，特に上海において，実習生が実習指導体制について高く評価していることが明らかになった。香港にも同様の傾向が認められた。他方，ソウルと東京の実習生は，実習指導体制について，上海・香港よりも有意に低く評価していることが明らかになった。〈分析2〉では，教育実習指導体制の評価と教員志望の意識との関係性を問うた。実習によって教員志望を最も強めたのは，ソウルであった。それに続くのが東京であった。一般的な推論として，

実習生が実習指導体制を低く評価した地域ほど，教育実習に困難が生じた可能性が高く，実習生の教員志望の意識は低くなる（＝実習指導体制の評価の高い地域ほど，実習生の教員志望の意識も高まる）と予想されるが，これはソウルと東京の結果にはあてはまらなかった。他方，実習指導体制の評価が高かった上海と香港においては，この予想が適合する結果となった。また，実習指導体制の評価と教員志望の相関関係をみたところ，東京の独自性が明らかとなった。上海と香港には，実習指導体制の評価と教員志望との間に強い正の相関が認められ，ソウルにはほぼ無相関という結果であったが，東京には弱い正の相関が認められた。そこで最後に，〈分析3〉として，東京の独自性に着目し，実習後の教員志望の高まりと有意に関連する項目を探索した。この結果，東京の実習生は，実習校や実習担当教員との関係性という「環境への適応」や，教育課題の理解という「学びの実感」が，教員志望と強い正の相関を示した。教育実習の指導体制の評価に関する項目は，これらに比べれば，弱い正の相関を示した。これらの結果は，厳密なサンプリングに基づく調査によるものではないことから，一般化可能性が十分でない点は留意すべきであるが，これらの分析結果を参考にしながら，今後，実習生の意識の国際比較研究の質問紙の作成や解釈の可能性が広がることが期待される。

　以上，本章で試みた分析結果は本書の他の章で得た知見と合わせて考察されることで，より重層的・構造的な理解が可能となる。

　教育実習の4都市の制度的な差異について（第2章を参照），たとえば，ソウルに関しては，小学校教員の養成が限られた機関で行われる，いわゆる「閉鎖制」が採られており，それゆえ教育実習に参加できる者＝教育大学校に入る者が入学時点でかなり厳しく選抜されており，優秀さと教員志望の強さを兼ね備えたほんの一握りの上位者だけが教育実習に行くことが許されるシステムとなっている。こうした地域特性から，本章が示したような実習指導体制評価と教員志望の強さがソウルにおいてほぼ無相関であったのも，理解ができる。また，

東京の実習生については，実習校という環境との適応度と教員志望とが関連することを本節は示したが，究極的にいえば，これは「どのような方針の実習校とどのようなタイプの実習生が「めぐりあう」のか」といった偶然性によるものであるとの解釈が可能かもしれない。そして，それは実習生の教職の適性や能力とも異なる次元の問題である。こうした日本の状況は，実習校やその実習指導教員と実習生の相性によっては，ときに実習生にとって苦しい状況を生み出すかもしれない。この点に関しては，本書第4章の実習生インタビューをお読みいただきたい。

〔第1節：岩田 康之・金 慜雅／第2〜5節：早坂 めぐみ〕

注
(1) 上海市には，中華人民共和国教育部直轄の師範大学として華東師範大学（East China Normal University）が置かれており，対して上海師範大学は上海市政府の管轄に属する，いわば「市立」の師範大学である。しかしながら，華東師範大学のプログラムは中等学校（初級中学・高級中学）の教員養成に重点が置かれており，一般の小学校教員養成のプログラムとしては上海師範大学の方が充実している。
(2) 本節の内容は，香港比較教育学会の2018年度の大会（2018年3月17日・香港教育大学大埔キャンパス）における口頭発表 "A Comparative Study on Teaching Practice - by questionnaire research of student teachers among four East-Asian areas"（IWATA Yasuyuki & KIM Minah）の内容を日本語に訳し，補筆したものである。内容面については岩田・金両者によるものであるが，日本語の文章のとりまとめは岩田の責任において行っている。
(3) 須藤康介・古市憲寿・本田由紀『朝日おとなの学びなおし！文系でもわかる統計分析』朝日新聞出版，2012年，p.100.

〈資料〉　　　　　　**教育実習後の学生を対象とした意識調査（日本語版）**

> 　この調査は，東アジア各地域（日本・中国・韓国・香港特別行政区等）の小学校で教育実習を経験した学生のみなさんに，主に(a)教育実習自体をどう受け止めたか，(b)教育実習を経ての変化をどう意識しているか，の二点をおうかがいし，これを各地域での教育実習の運営と関連づけて解析し，そのデータを基に各地域の教育実習の改善に資することを目指しています（趣旨については別添資料をご覧ください）。
> 　この調査を通して得られたデータは研究以外で使用することはありませんし，回答していただいた方々にご迷惑をおかけすることもないように配慮しますので，率直にお答えいただきますようお願い申し上げます。
> 　2017 年○月○日
> 　　　　　　問い合わせ先　東京学芸大学教員養成カリキュラム開発研究センター　教授　岩田康之
> 　　　　　　　　　　　　　　（Tel 042-329-7779・e-mail：iwatay@u-gakugei.ac.jp）

　教育実習を振り返って，以下の各項目についてどのように感じていますか，5段階尺度の中から当てはまる番号に1つ☑を付けてください。あてはまるものがない場合は「N」のところに☑を付けてください。

> 〈5段階尺度〉
> 5：強く感じる　　　　4：少し感じる　　　3：どちらとも言えない
> 2：あまり感じない　　1：全く感じない　　N：私にはあてはまらない

【実習の受け止め】　　　　　　　　　　　　　　　　　　　　　　5 - 4 - 3 - 2 - 1　　N
(1) 実習校は事前にイメージしたとおりの学校だった……………………□ □ □ □ □　□
(2) 実習校の校風に親近感を覚えた………………………………………□ □ □ □ □　□
(3) 実習校の児童たちに親しみを感じた…………………………………□ □ □ □ □　□
(4) 実習校の教職員に親しみを感じた……………………………………□ □ □ □ □　□
(5) 実習校のある地域に親しみを感じた…………………………………□ □ □ □ □　□
(6) 実習校では緊張を感じた………………………………………………□ □ □ □ □　□
(7) 実習校での身だしなみに気を遣った…………………………………□ □ □ □ □　□
(8) 実習校での礼儀態度に気を遣った……………………………………□ □ □ □ □　□
(9) 実習中の授業準備には苦労した………………………………………□ □ □ □ □　□
(10) 実習中の生徒指導には苦労した………………………………………□ □ □ □ □　□
(11) 実習校の先生は熱心に指導してくれた………………………………□ □ □ □ □　□
(12) 実習中に他の実習生たちと相談ができてよかった…………………□ □ □ □ □　□
(13) 大学の先生の指導と実習校での指導方針は一致していた…………□ □ □ □ □　□
(14) 大学での事前指導は実習を行う上で参考になった…………………□ □ □ □ □　□
【実習後の変化】　　　　　　　　　　　　　　　　　　　　　　　5 - 4 - 3 - 2 - 1　　N
(15) 実習前よりも教職に就こうという気持ちが強まった………………□ □ □ □ □　□
(16) 実習を通じて教育課題への理解が深まった…………………………□ □ □ □ □　□
(17) 小学校での教科指導には自信がついた………………………………□ □ □ □ □　□
(18) 小学校での学級経営には自信がついた………………………………□ □ □ □ □　□
(19) 小学校での教科外指導には自信がついた……………………………□ □ □ □ □　□
(20) 小学校での事務仕事の重要さを知った………………………………□ □ □ □ □　□
(21) 学校組織の一員としての自覚ができた………………………………□ □ □ □ □　□
(22) 実習と大学の授業との関連がよくわかった…………………………□ □ □ □ □　□
　　あなたの性別　□ 女　　　□ 男　□ 答えたくない　（一つに☑）

　差し支えなければ，一部の方にこちらからより詳しくお話をうかがわせていただきたいと考えております。ご協力いただける方は，以下にお名前とご連絡先（e-mail）をご記入ください。

お名前
ご連絡先　　　　　　　　　　e-mail：

★ご回答は○月○日までにお願いいたします。なお，各地域の集計データについては，今年度末（2018年3月）をメドに以下のURLにて公開予定です。

〈資料〉 「教育実習後の学生を対象とした意識調査」について（趣旨）

【ねらい】

　教員養成のプログラムの中で，教育実習は，実践的な指導力を身につける上で重要な役割を果たします。この調査では，各地域で教育実習を経験した学生たちに，(a) 教育実習自体をどう受け止めたか，(b) 教育実習を経ての変化をどう意識しているか，の二点に関わっての意識をおたずねし，それを地域ごとに集計し，比較分析を行うことで，それぞれの教育実習の特質を捉え，今後の改善を考えていく基礎データを提供することを企図しています。なお，この研究プロジェクトは日本学術振興会科学研究費（基盤研究 C・26381015）「「開放制」原則下の実践的教師教育プログラムの運営とその効果に関する比較的調査研究」の基金に基づいて行われています。

【調査対象】

　この調査は，東アジアの諸地域（主に大都市圏）で小学校の教員養成のコースに在籍している最終学年の学生たちを対象として実施します。

　なぜ東アジアなのか？　教員養成のシステムは，国や地域によって異なります。そうした中で，日本・中国（メインランド，香港特別行政区）・韓国などの東アジア諸地域では，大学の学士課程と並行して教員養成のプログラムが提供されており，学生たちは大学でそれぞれの専門を学ぶのと同時に，教育実習を含む各種のプログラムを学ぶ形を採っています。また，儒教・仏教等の文化的背景も共通しており，そこでは単に「教える技能」のみならず教職にあるものとしてふさわしい人格が求められるという教師像の特色もあります。

　なぜ小学校コースなのか？　ひとくちに教員養成といっても，多くの地域で，小学校教員の養成プログラムと中学校・高等学校教員の養成プログラムとは異なる形で提供されています。その中で，小学校教員の養成プログラムに絞って今回の調査を企画しているのは，教員養成のプログラムの中でも特に小学校教員のそれが，伝統的な大学教育との間で葛藤を抱えているケースがどの地域でも見られるためです。今回の調査研究では，小学校教員の養成プログラムの中の「教育実習」に着目して，そこから大学と教員養成の関係を考えようとしています。

　なぜ大都市圏なのか？　教育実習を行うためには，当然のことながら実習校を確保する必要があります。大都市圏には，人が集中しており，学校も数多くありますが実習生の数も多くなります。それゆえ，実習校の配当や実習指導のありかたについても，独特の問題を抱えています。

　なぜ最終学年なのか？　大学教育と同時並行的に提供される教員養成プログラムの全体を踏まえて，教育実習をどう捉えているかをおたずねする対象としては，実習を終えた最終学年の学生たちが最も適した対象者です。実習の記憶が鮮明で，なおかつ教員養成プログラム全体を振り返ることができるからです。

【さらなる調査】

　今回の調査は，選択式で22個の質問に答えてもらうものです。より詳しく調査を行うために，一部の方を対象としてインタビューを行うことも予定します。ご協力いただける方は，連絡先をお知らせください。

【結果の活用と還元】

　この調査のデータは，それぞれの学生の所属する大学の実習担当者に還元し，今後の教育実習等の改善に役立ててもらいます。また，集計データについては，ウエブサイト上でも公表予定です。

　ご不明な点等は，ご遠慮なくお問い合わせください。
　問い合わせ先：プロジェクト代表　岩田康之（東京学芸大学教員養成カリキュラム開発研究センター教授）
　　　　　電話・Fax 042-329-7779　e-mail　iwatay@u-gakugei.ac.jp

第6章

日本の教育実習の評価

第1節　教育実習の評価とはどのように行われるのか

　教育実習を行った際には，それを評価するプロセスが必要となる。大切なのは，その評価を誰が，どのような観点で，どのように行うかであろう。本章では，教育実習の評価に用いられる「実習評価票」を取り上げ，教育実習の評価がどのように行われているのか，どのような点が評価の対象となるのかを整理し，「実習の評価」というものにおいて「何が重視されているのか」を検討していきたい。学生にとっては，自分の教育実習において何が見られているのか，良い評価を得るためにはどのように行動するべきなのかを考える指針となるし，その実習生を送り出す大学としても，低い評価となることのないよう学生を指導することとなるであろう。一方，評価を行う側である実習校の教員にとっては，学生のどのような点に着目して評価をすれば良いかの判断基準となるものであるし，評価項目を評価できるような機会を実習の中で取り入れたり，実習生を注意して見る際の着眼点となったりするものである。

　果たして教育実習の「評価」を行う際に，「評価をする側／評価をされる側」の間には，共通した認識があるのだろうか。つまり，実習の評価には妥当性があり，実習生の評価としてきちんと機能するものとなっているのか。あるいは，評価という行為そのものが形骸化し，本来の目的や意味とは違った形で活用されたりすることがあるのであろうか。こうした，教育実習をめぐる大学，実習校，実習生らの関係性に着目しながら，評価票そのものがどういった内容を含むものであるかを明らかにしたうえで，考察を行っていきたい。

1. 本章で扱うデータについて

　以降では，本研究会が行った「「教育実習」の運営指導体制に関する調査」のうち，4-④「実習の評価方法や基準等について，差し支えない範囲でお知らせください」（自由記述）の回答部分と，添付資料として返送のあった「実習評価票」の分析を行う。まずは，扱うデータについて整理しておきたい。

　返送された調査票すべてに実習評価票が添付されていたわけではないため，分析対象となる評価票数は全部で108件となった（表6.1）。1大学の中でも学部によって評価票が異なるケース，複数学部から複数の実習評価票が返送されているケース，学校種（幼稚園・小学校・中学校・高等学校・特別支援学校）によって複数種の返送があったケースもある。これらをどのように区別し，分析に使用するか否かを決めるのは大変悩ましい。そこで今回は，幼稚園と特別支援学校を除く学校種に限定し，内容の重複も含めた実際に使われているすべての実習評価票を分析の対象とした。これは，分析の際に評価票に多く出てくる「言葉」や「表現」に着目することから，なるべく多くの評価票を分析の対象とすることが望ましいと考えるためである。

　本研究では，実習評価票における共通性と相違性を明らかにすることを目的とし，分析方法としてKH Coderを使用したテキストマイニングによる頻出語句の算出を行うこととした。

表6.1　分析対象・実習評価票数

	実習評価票数
国立	27
公立	12
私立	69
計	108

2. 教育実習の評価は，誰が行っているのか

　教育実習の評価については，次の2つのレベルが考えられる。①「実習期間中」，②「教育実習の単位認定」の2つである。本章で取り上げる「実習評価票」とは，このうち①の評価で用いられるものである。

　教育実習という実習科目それ自体は，大学の授業科目の一つであることから，最終的な評価という意味での単位認定を行う権限は大学にある。しかし，教育

実習期間中は，大学を離れ実習校において実習が行われることから，実習期間中の実習生の取り組みへの評価は，実習校に依頼することになる。そのため実習校は，大学から渡された「実習評価票」に基づいて，実習生の評価を行うことになる。実習が終わると，実習評価票は大学へ返送され，②の最終的な評価をする際に使用されるのである。

3. 実習校の評価と大学の評価

　それでは，①「実習期間中」と，②「教育実習の単位認定」の評価はどのような関係にあるのだろうか。ここでは，本研究会が行った「「教育実習」の運営指導体制に関する調査」のうち，4-④「実習の評価方法や基準について，差し支えない範囲でお知らせください」（自由記述）の回答から見ていくこととする。

　結論からいえば，②の単位認定における①の評価の位置づけは，大学によって異なるということになる。「実習校からの評価をもとに，委員会で決定」「受け入れ校からの評価，事前事後指導の状況，実習後のレポート等を総合的に判断」「実習評価票，実習生による自己評価，出勤状況，訪問指導時の様子や授業公開での意見等を総合評価」などの回答にみられるように，教育実習の単位認定は「実習評価票」を含めた総合的な判断として，委員会や担当教員等の協議を経てなされるものであり，必ずしも①の評価とイコールであるわけではない。事前指導や事後指導の際の状況や，実習日誌なども含めて，総合的に行われるものである。そして，大学の科目である以上，最終的な評価の判断は大学側が行うことになる。その最終的な判断において，「実習評価票」をはじめとした①の評価が，どのくらいの比重を占めるのかは，大学によって異なるものである。

　なかには，「学校現場の評価を最大限尊重している」「実習校の成績を尊重する」「実習校の評価を重視」「実習校の評価を優先」「実習校の成績表に記載されている素点に準ずる」のように，実習校からの評価をかなり重視している様子が見られる回答もあった。

一方で,「実習校からの評価は,学校によって基準がかなり異なるため参考にする程度」「評価基準はあるが,評価については各実習校にお任せである。このため,評価基準が不統一で問題になる場合がある」など,同じ評価票や評価基準を用いたとしても,実際の判断の基準は実習校によってさまざまであることがうかがえる。こうしたことは,②の単位認定の際に,大学側の評価と実習校からの評価のズレとなることから,極めてセンシティブな問題となる。そのため,①の比重をあまり大きくないものとした措置などがとられる場合もあると考えられる。また,「総合的な判断」とする大学が見られていることからも,①がそのまま②とはなり得ないことがうかがえる。こうした判断となるのには,大学がこれまでに見てきた実習生の取り組み姿勢と,実習校が見た実習生の取り組み姿勢との間に,認識のズレが生じるためである。

このように,現状では実習評価票を含めた①「実習期間中」の評価は,必ずしも実習生の②「教育実習の単位認定」の評価とイコールになるとは限らず,大学によって①の受けとめ方や,参考とする比重,尊重する度合いなどは異なっているのが現状である。

4. 実習評価票とは誰がつくっているのか

実習評価票は,大学が実習校に対して評価の依頼をする際に用意されるものであるため,基本的には「大学独自の評価票」を使用していることになる。そのため,大学によって評価項目,評価基準や評価の付け方は多様であるといえる。

一方で,「地区ごとに統一された評価票」を使用している地域があることも,本調査によって明らかとなった。本調査におけるその内訳は,**表6.2**のとおりである。これはあくまでも返送のあった中での数となるため,全体を代表する割合を示すものではないことは注意しておきたい。大学独自のところが多いが,地域によっては地区ごとに統一された形式を使用しており,複数の大学から同一フォーマットが返送されている。

「地区ごとに統一された評価票」には,「北海道私立大学・短期大学様式」「京

表 6.2　大学独自と地区ごとの統一様式

	実習評価票数	大学独自	地区ごと
国立	27	25	2
公立	12	10	2
私立	69	59	10
計	108	94	14

都地区大学教職課程協議会統一様式」「広島地区大学教育実習研究連絡協議会」などがあった。また，東京都教育委員会も，2011 年度より都内公立小学校で実施される教育実習の評価を「東京都の統一様式」で行うこととしている。そのため，東京都内の公立小学校へ実習生を送り出す大学は，独自の評価票は使用せず，「東京都の統一様式」を使用することとなった。東京都の実習評価票については，第 3 節で触れることとする。

第 2 節　どのような評価項目があるのか
―何を，どのように見るのか―

　続いて，評価内容を見てみよう。実習評価票やその他評価資料などを見るに，評価に関わる主な構成要素として，次の 3 点を見出すことができる。

　①「評価項目」

　実際に評価をする項目である。項目一つにつき，指定された基準によって点数や段階的な評価を行うことになる。シンプルに「学習指導」「生徒指導」などの言葉で表されるものもあれば，細かく内容が書かれている場合もある。

　②「評価の観点」

　上記の評価項目にそって評価を行う際に，どこに着目をしてほしいという内容を示している部分である。たとえば，評価項目の「学習指導」と一口に言っても，評価をする内容が幅広くなってしまう。全体的な評価を求める場合にはそれでも良いが，より具体的に評価をしなければならない場合には，「学習指

導」のどのような部分に着目してほしいかという具体的なポイントを示す必要
がある。こうした着眼点は，「評価の観点」といった形で示されている。しか
し，なかには着眼点を示さずシンプルに評価項目のみを示すものもあることか
ら，どの評価票にも記載されているものではない。

③「評価基準」

評価項目に対してどのように評価をつけるかという基準である。たとえば，
4段階評価（A・B・C・D）や5段階評価（1・2・3・4・5）のところもあれば，素
点をつける場合もある。これは，大学によって大きく異なるところの一つであ
り，非常にさまざまな基準があるといえる。同時に，仮に4段階評価をお願い
したとしても，その段階の捉え方は実習校の担当教員に任されることになるた
め，実習生の評価においては，実習校や担当教員によってバラツキがでること
も留意しなければならない。

大きく分けると以上の3点にまとめられるが，実際にはこのように分けるこ
とのできないつくりのものもあることから，実習評価票の整理は極めて困難な
作業であるといえる。たとえば，評価票に記載されている事項が「評価項目」
なのか「評価の観点」なのかが判断できない場合や，「評価項目」と書いてあ
る欄に「評価の観点」に近い内容が書かれている場合もあることから，分類を
する際にある程度恣意的に判断せざるをえない部分がある。

本研究において，「評価項目」はこれに直結して「評価基準」に照らした評
価がつく項目を指すこととし，「評価の観点」は点数がつくものでは必ずしも
ないが，説明として付与されているものと位置づけた。したがって，評価項目
は，1項目につき段階的評価や素点が付与されるものを指すものとしている。「評
価の観点」は記入があるものとないものの差が大きく分析対象数が減ってしま
うことから，ここでは「評価項目」を分析対象とした。

まずは，評価項目の数を見てみる。各項目のほか，全体的な「総合評価」が
設けられている場合があるが，ここでは「総合評価」は項目数には含んでいな

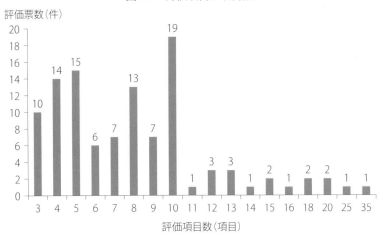

図 6.1　評価項目の項目数

い。なお，各評価項目は 4 段階でも，総評のみ 5 段階となるところもあったな
ど，評価基準にも多様な面が見られた。

　図 6.1 は，横軸に評価項目の項目数，縦軸に評価票の件数を表している。本
調査の結果では，評価項目が 10 項目であるものが最も多く 19 件あり，つい
で 5 項目が 15 件，4 項目が 14 件，8 項目が 13 件，3 項目が 10 件となってい
る。平均すると 8.2 項目であった。11 項目以上の評価票を使用しているところ
は少ない。項目数の少ないものだと 3 項目であるが，多いものだと 35 項目と，
項目数にはかなりの幅があることがわかる。項目数だけ見ても，実習評価票が
多種多様であることがみてとれる。

1．どんな評価項目があるのか

　続いて，評価項目の内容をみるべく，語句の出現頻度を確認する。表 6.3 は，
抽出された語とその出現回数を示したものである。ここでは，出現回数が 10
回以上のものまでを表した。

　出現回数が最も多く，他の項目と比べてもかなり頻度が高いのが「指導」で

表 6.3　評価項目における頻出語句

抽出語	出現回数	抽出語	出現回数
指導	282	教職	19
生徒	143	知識	19
態度	134	内容	19
教材	85	学力	17
研究	85	協力	16
理解	73	自覚	16
実習	71	意欲	15
学習	65	記録	15
授業	65	工夫	15
能力	63	自己	15
活動	59	状況	15
学級	56	積極	15
勤務	52	学校	14
事務	52	協調	14
教育	50	視野	13
技術	48	表現	13
教科	39	立案	13
児童	39	関わり	12
計画	34	関心	12
熱意	33	教具	12
参加	27	評価	12
実務	27	環境	11
適切	27	観察	11
経営	26	行う	11
集団	26	作成	11
処理	25	子ども	11
提出	24	把握	11
展開	24	レポート	10
個別	22	教養	10
準備	22	方法	10
基礎	21	目標	10
教師	20		

あった。これは，次に頻度の高い「生徒」との組み合わせも考えられることから，学習指導のみならず生徒指導も含めて，全般的な「指導」が評価項目として多く用いられていると考えられるだろう。上位には，「教材」「研究」など主に授業に関する語句がいくつか見られている。それと同時に，「態度」「勤務」など技量ではなく実習中の姿勢に関する評価とみられる語句も上位に複数ある。

こうした可能性を考え，今度は語句同士の関連性を見るべく共起ネットワークを表した。共起ネットワークでは，語と語がともに出現する関係性を見ることができる。今回は上位60語句を分析対象とした。

図6.2の語句のつながりから，本データにおいては，大きく6つのグループが見られるものと考えられる。

①指導に関すること：学習指導，生徒指導

②教材研究に関すること：教材，研究，授業

③学級経営に関すること：学級，事務，処理，能力

④活動に関すること：参加，把握

⑤実習態度に関すること：態度，勤務，実習，熱意

⑥教職に関すること：教職，自覚，関心，意欲

図6.2　評価項目の共起ネットワーク

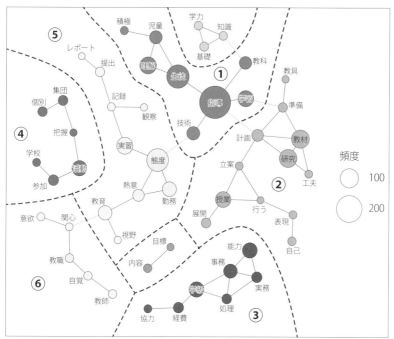

最も出現回数の多かった「指導」と関連する語句の中に、「生徒」があることから、生徒指導が評価項目として重視されている傾向を見ることができる。しかし、「学習」や「教科」「技術」も関連性が見られることから、生徒指導のみならず学習指導も評価の対象となっていることがわかる。「生徒」には「理解」が関係していることから、生徒指導における生徒理解も評価項目となっていると思われる。

　学習指導との関連から見ると、②の教材研究に関する語句につながりが見られる。このことから、教材研究や授業の立案、計画、準備、工夫なども評価の対象となっていることがわかる。

　また、語句のつながりは見られていないものの、③の学級経営に関する語句もまとまりとしてあることから、実習生には学級経営や事務処理能力なども求められていると考えられる。

　もう一つの大きなまとまりとしては、⑤の実習態度に関することが挙げられるだろう。指導や教材準備に関することだけでなく、実習中の勤務態度や熱意、さらには提出物などの状況といった、実習姿勢も評価の対象となっていることがわかる。語句のつながりはみられていないが、こうしたことは④の活動への参加といったこととも共通するところがあるかもしれない。また、実習中の姿勢のみならず、⑥の教職に関する自覚や関心、意欲といった、教職志望に関連しそうな語句も見られている。教職を志望し、熱意をもって勤勉に教育実習に向かう姿勢が評価の対象となっている可能性があると考えられる。

　以上のように、評価項目は各大学が作成しているため基本的には多種多様であるものの、語句の頻度や関係性からみると、6つほどの大きな共通性のまとまりがありそうなことがわかってきた。そのため、評価項目には、各大学が共通して必要だと考える内容が含まれているのではないかと考えられる。

2.　どのように評価しているのか

　それでは、これらの評価項目をどのように評価しているのか、評価の仕方に

ついて見てみよう。評価の仕方，配点やスケールも学校や地域によって異なる。段階的なスケールの場合は，3段階・5段階・10段階の数字やアルファベット等の中から，実習生の評価に該当するものにマルを付ける。あるいは，各項目に点数をつける形式もある。この場合も各項目を5点満点・10点満点等にして，実習生の評価を点数化したり，実習全体の総評として100点満点の点数をつけたりする。

　ここでは，これらの評価の仕方について，量的な整理を行い，その結果を図6.3 に示した。

　最も多かったのが，4段階での評価であった。これは，「S・A・B・C」「A・B・C・D」「優・良・可・不可」「1・2・3・4」などによるものである。アルファベットのDは「59点以下」を示し，不合格を意味するものが多い。Dが「不可」を表すとするならば，実質的に評価は3段階であると見ることもできる。続いて，5段階での評価が多い。「S・A・B・C・D」「A・B・C・D・E」「秀・優・良・可・不可」「1・2・3・4・5（5・4・3・2・1）」などである。この場合も，DやE，不可は，不合格を意味するものが多い。3段階は，「A・B・C」や「3・2・1」などであるが，この中にはCが不可になる旨の記載は見当たらなかった。2段階の1件は，段階的な評価というよりも「あてはまる項目に

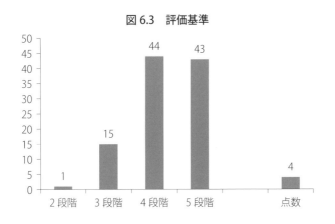

図 6.3　評価基準

チェックを入れる」という形式だったことから，ここでは2段階扱いとしている。

　項目ごとに点数をつけるものは4件であったが，うち2件が5項目×20点ずつの計100点，うち1件は各項目を100点満点換算でつけるものであった。なお，評価基準が「不明」が1件あった。これは，実習評価票から点数をつけるものであることはわかるものの，評価基準が記載されていなかったケースである。

　このように，評価票によって評価の基準が異なっていることがわかった。概ね4段階か5段階ということにはなっているが，D評価を不可とするかしないか，あるいは各段階における点数配分をどのように見積もるかなど，その詳細は評価票からは見えてこない。また，同じ大学でも所属によって実習評価票が異なる場合，評価項目や基準も異なるケースもある。何より，仮に段階的な評価など基準が示されていたとしても，実習生の取り組みをどの段階であると判断するかは，実習校の担当教員や校長に任されるということがある。このことは，実習校でどのような教員に指導されたか，担当されたかによって，実習生の評価にはバラつきが出る可能性を示している。実習生の側からすれば，「アタリ・ハズレ」ともなりかねないだろう。

3．実習評価票にみる課題

　以上のように，実習評価票は大学によって多種多様な形式や基準をもっており，全体像をつかむことも難しいものとなっている。本章では，データの分析にあたっていくつかのルール設定をすることで，半ば強引に整理してしまったところもあるが，実際のところはこれ以上に多様性をもつものであり，一貫したルールをもつものとはなっていないと思われる。もちろん，根底には共通する部分も見られるが，実際の運用面まで視野に入れると，やはり多様であると言わざるを得ない。

　こうした実習評価票の実態を踏まえて，「評価する側／される側」双方からの課題を考えてみよう。

まず，評価する側の課題としては，実習生の評価が一貫性や妥当性をもつものとなっているのかという問題がある。もちろん，大学の授業の一つであると考えれば，担当教員によって評価する内容も基準も違うということは，何らおかしなことではない。しかしながら，教育実習中の評価が単位認定の際の重要な規定要因の一つになっていることを考えると，実習生の立場からすれば実習校の担当教員のさじ加減一つで評価が変わってしまう可能性があることは，喜ばしいこととは言えないだろう。大学の授業の単位認定においてもそうした側面はあるものの，教育実習の場合においては，実際に単位認定をする大学教員が付きっきりで2〜3週間をともにしているわけではないため，実習生の実習期間中の振る舞いについては，実習校の評価を重視せざるを得ない。こうしたところから，実習校から提出された評価と，大学教員が見てきた学生像との間に，ズレや違和感が生じることがある。現状では，こうしたズレや違和感は，単位認定に関わる教員や委員会での協議によって総合的に判断することで調整されている。

　このようなズレや違和感の存在をあらかじめどの程度想定するかが，各大学における実習評価票による評価の位置づけの違いとして現れているものと思われる。大学としては，実際に自分たちが見ていない期間の評価を他者に委ねたうえで単位認定を行わなければならない。それゆえに，実習評価票による評価をあくまで資料の一つとして位置づけざるを得ないといった事情もあろう。一方で，実習校からの評価を重視するような大学もある。実習校と大学の間で評価基準がきちんと共有されていたり，実習校と大学との連携が密であることから高い信頼を寄せていたりするなどが考えられる。

　こうした個々の実態については，本研究会の調査のみでは明らかにすることができないが，いずれにしても実習評価票を使った教育実習の評価においては，評価の一貫性や妥当性といったところが課題となるものと思われる。

　同時に，評価される側の学生もまた，自身が評価される評価内容や基準の一

貫性や妥当性についてよく知らない，ということが課題として挙げられる。昨今，大学の単位認定にあたっては，科目担当教員は事前にシラバスで評価基準や到達目標を明確にするよう指導を受けている。そして，提示した到達目標に照らして，シラバスで提示した評価方法と評価基準によって単位認定を行うことが，強く言われるようになってきている。そのような中にあれば，大学の授業科目の一つでもある教育実習の単位認定についても同様に，学生は自身の評価がどのような基準によって行われているのか知る必要があるし，評価の妥当性という点からも明らかにしておくべきものであると考えられる。

　しかしながら現状，学生は自分の実習評価票が，同じ大学内でも他学部とは違うものであることや，他大学とは違うものであることも知らず，評価項目の数の違いや基準の違いも相対化できない状態である。実習先で，さまざまな大学からの実習生らと実習をともにする中で，たとえば実習日誌のフォーマットが違うことやページ数が違うなどの差異に気づくこともあるが，評価に関する差異について知ることはほとんどない。したがって，自身がどのような基準で評価されるのか，その評価項目が適当であるのか，自分への評価は妥当性のあるものなのかなどを，わからないまま実習を行わなければならない。事前に実習評価に関する説明も行われていないし，仮に実習中に評価票を目にする機会があったとしても，その妥当性について検討する余裕もない。出された評価結果を目にすることもできない。実習生にとっては，教育実習そのものを乗り切ることで精一杯である。そうであるとするならば，大学の科目としての単位認定を行ううえで，学生もまた自身の評価に関しての情報を知っておく必要はあるものと思われる。

　仮に，多くの大学において評価項目や基準にいくつかの共通性があったとしても，それらの項目を評価する際の段階区分，配点などの違いによっては，同程度の実習の取り組みでも，評価に大きな差が出る可能性もある。同じ期間に同じ実習校で実習を行い，取り組み姿勢として大きな差異が見られないような

場合であっても，実習評価票の評価基準や配点の違いによって，実習生間に評価の差が生まれることが想定される。

　このような形式で，実習生を適切に評価することは可能なのであろうか。教育実習の単位認定は，教員免許取得に関わるものである。単位が認定されるということは，教育実習での取り組みがきちんと評価されたことを意味し，同時にそれは免許取得における質保証にもなり得る。別々の大学で，別々の実習評価票を通して認定された単位であっても，同じ教育実習の単位であり，それによって教員免許は取得できるし，教員採用試験を受けることは可能である。そうであるとしたら，実際に採用された後に個々の教員で資質にバラツキが出る可能性もあるだろう。教育実習の評価が適切に行われることは，おそらく教員の質保証という点でも重要な意味をもつと考えられる。

　教育実習の評価にあたっては，現場で評価する側の難しさ，現場からの評価の取り扱いの難しさ，評価される側から見た不透明さなど，それぞれの立場から見える課題がある。大学ごとに違った実習評価票を使用することの是非を今すぐ問うものではないとしても，現状の実習評価の在り方については，再考する必要のある段階にきていると思われる。

第3節　教育実習の評価をめぐる力関係

　これまで見てきたように，教育実習の評価が抱える問題としては，評価の妥当性や透明性という点があり，学校現場における教員の質保証の問題とも関係する可能性が明らかとなってきた。このような問題は，教育実習や教員養成をめぐる政策とはどのように関係するのだろうか。本節では，東京都教育委員会の施策を例にとりながら検討していきたい。

1. 東京都教育委員会による「小学校教諭教職課程カリキュラム」の策定

大学における教員の「養成」という点については，学校現場や教育行政の側から，教員の質保証と関連して厳しい声が出てきている現状にある。その背景には，岩田ら[1] (2019) が示すように，教員養成における規制緩和策が進められる中で，新規に教員養成課程を設置する大学が増えたことによる，教育実習生や教員の質の低下が懸念されていることがある。

このような現状を察することができる動きの一つに，東京都教育委員会が2010年に出した，「小学校教諭教職課程カリキュラム」[2] (以降「カリキュラム」) が挙げられるだろう。教員の育成にあたっては，大学が「養成」を，行政が「採用」「研修」を担当するという形での棲み分けがされているが，本カリキュラムは，小学校の教員養成課程を設置している全大学に向けて，大学での「養成」段階から身につけておいてほしい内容を行政が提示したというものである。このカリキュラムの策定には，行政のどのような意図やメッセージがあるのだろうか。

まず，カリキュラム策定の目的には，教員の大量退職や大量採用の状況が続くなか，教員の経験年数のバランスが崩れ，教員同士の先輩後輩関係による知識や技能の伝達が難しくなってきている現状があることから，「養成」段階から「採用」「研修」段階までを一体と捉え，大学と行政が連携して若手教員の資質・能力を向上していきたいということが示されている。そして，「養成」から「採用」「研修」へと継続的な人材育成を行うことができるよう，行政が各大学に対して「養成」段階で身につけるべき「最小限必要な資質・能力」を示しているのが，本カリキュラムであると位置づけられている。2010年に策定された際には，小学校教員養成課程のみがその対象となっていたが，2017年10月にはこれを見直し，改善する形で「東京都教職課程カリキュラム」[3] (以降「新カリキュラム」) が策定されている。したがって，現在では小学校のみならず，中学校および高等学校の教員も含め，教職課程のあるすべての大学がその対象となっている。

次に，カリキュラムの策定にあたっての経緯を見てみよう。2010年2月に「大

学の教員養成課程等検討委員会」が設置され，3回の委員会の開催（2010年2月，5月，8月）と，30大学への大学訪問（2010年6月12日～7月14日）が行われ，大学における教員養成課程のあり方が検討されてきた。その過程では，教員養成科目のシラバスの分析や，大学訪問での授業見学，学生や大学関係者からの聞き取りなどが行われている。

これらの調査から明らかになったこととして，東京都教育委員会では次のようなことを挙げている。2010年10月14日（木）に行われた東京都教育委員会定例会の会議録[4]における指導部長からの説明によれば，「大学訪問等からとらえた教員養成の課題」として，次の3点が出された。「大学は建学の精神等についてはきちんと明示しているものの，4年間を通した教員養成課程に小学校の教員になるための必要な資質・能力が明示されていない」，「教育実習が，実習校任せになっており，大学での学びを実習に生かし切らず，実践的指導力を養成する効果的な実習が連携して実施されていない」，「教育職員免許法に示されている各教科の授業内容が，担当する教員任せとなっており，大学の教員間の連携が図られていない」の3点である。

そして，「この3つの課題を解決すべく，今般，都教育委員会といたしまして，小学校教員養成課程のカリキュラムについて作成したものでございます」（pp.11-12）と，カリキュラム策定の経緯を説明している。

つまり，大学における教員の「養成」に不十分な点があることを指摘し，「養成」段階で身につけるべき「最小限必要な資質・能力」を示しているのが，この2010年に出された「カリキュラム」なのである。

2. カリキュラムから見える質保証の現実

それでは，東京都教育委員会が考える「養成」段階で身につけるべき「最小限必要な資質・能力」とは，いったいどのようなものなのであろうか。カリキュラムの内容から，教育現場や教育実習における質保証について考えてみたい。

本カリキュラムは，東京都の小学校教員として「最小限必要な資質・能力」

であるとされる。カリキュラムの pp.2-3 を参考に，具体的に見ていこう。「最小限必要な資質・能力」は，「教師の在り方に関する領域」「各教科等における実践的な指導力に関する領域」「学級経営に関する領域」の３領域から成る。そして，領域ごとに「到達目標」と「内容」が示されている。「内容」では，育成すべき資質・能力を，「意欲・態度」(教師になりたいと思う熱意と使命感，真摯に教職課程を学ぼうとする態度)，「知識」(教師として職務を遂行するために必要な知識)，「実践的指導力」(学校組織の一員としての教師として実際に児童を指導する力)の３観点に整理して明記している。

　しかし，実際にカリキュラムの内容を見てみると，教員になるために格別に必要な事項というよりも，一般的に社会人として求められるような基本的な内容も多く含まれていることがわかる。

　たとえば，３領域のうちの「教師の在り方に関する領域」では，「(3)コミュニケーション能力と対人関係力」として「児童や保護者，地域住民に対して適切な言葉遣いや話しやすい態度で接したり，表情や眼の動き等から相手の思いや考えを推察したりするなど，互いの信頼関係を築くために必要なコミュニケーションスキルを身に付けている」「上司や同僚に，適切に報告・連絡・相談をしたり，保護者や地域住民からの相談に乗ったりすることができる能力を身に付けようとしている」(カリキュラム，p.5)という記述がある。こうした内容は，教員になるにあたって必要というよりはむしろ，社会人として当然の振る舞いであると思われる。

　このような内容がわざわざ記述されたのには，小学校教員養成の構造変容によってもたらされた「教員の質の低下」があるのではないかと考えられる。そう考えられるのは，東京都教育委員会の議事録に見られる，委員の次のような発言などがあるからである。

　「ここまで手取り足取りしないと，きちんとした先生が出てこないのでしょうか」(髙坂委員，p.23)，「例えば，東京の学校は荒れているのではないかなど，

いろいろな意味で誤解されているといったって，そのようなことは，先生になりたい人が調べれば済む話です。何もこちらで教えなくてもいいのではないでしょうか」(内舘委員，pp.23-24)

これは，カリキュラム策定後に東京都教育委員会が作成した，教員志望の学生向け「小学校教職課程 学生ハンドブック—東京都の公立小学校教師を志すみなさんへ—」について，2011年2月10日に行われた「第3回 東京都教育委員会定例会」[5]の議事録における，教育委員の発言である。東京都教育委員会が示した「最小限必要な資質・能力」は，教育委員から見れば呆れるような，「ここまで言わなければならないのか」と感じられるレベルのものだったのである。

しかし逆に考えれば，東京都教育委員会が，カリキュラムやハンドブックを通してここまで言わなければならないほど，学校現場の状況は悲惨であったとも考えられる。おそらく，学校現場や教育委員会では，教員になる以前の段階において，基礎的な学力や社会的な常識を持ち合わせていない学生が教育実習に来たり，採用されたりしていると強く感じる現実があったのだろう。規制緩和施策との関連でみても，規制緩和以降に新たに小学校教員養成課程を設置した大学が増えてから，それらの大学から初めて教育実習に出る学生を受け入れる時期がだいたい2008年～2009年頃，その学生たちが採用されて若手1年目となるのが2010年～2011年頃以降である。カリキュラムが策定されたのが2010年であることを考えても，「若手教員や教育実習生の質の変容」による現場からの悲鳴を受けて，東京都教育委員会がやむなくこうしたレベルを提示せざるを得なかったとみることもできる。

このような，カリキュラムの策定と教員の質保証との関連を踏まえ，最後に教育実習における質保証について整理し，次項につなげたい。

教育実習においても同様に，「実習生の質の低下」が学校現場で悲鳴となっ

てあがり，そのことがカリキュラムの策定につながっていると見ることができよう。実際，カリキュラムの策定理由の中には，教育実習における大学と実習校との連携が上手くいっていないことも挙げられていた。「教育実習が実習校任せになっている」こと，「大学での学びが実習に生かし切れていないこと」などが調査から浮かびあがっている。それを受けて，カリキュラムでは，教育実習の質の保証が提起されていると考えられる。

この教育実習の質保証について，次項で「教育実習成績評価票（例）」と「実習評価票（例）」から読み解いていこう。

3. 「教育実習成績評価票（例）」「教育実習評価票（例）」の提示

カリキュラムが提示された際に出されているのが，「教育実習成績評価票（例）」と「教育実習評価票（例）」である。簡単にいうと，前者は「学生用」で後者は「大学用」である。これらの評価票には，カリキュラムに記載されている「東京都教育委員会が求める教師として最小限必要な資質・能力」が反映されていると述べられている（カリキュラム，p.3）。

まずは，学生用の「教育実習成績評価票（例）」についてみてみよう。この評価票では，カリキュラムで提示する3領域に照らして，計9つの評価項目が用意され，5段階（1〜5）での評定をつける形式となっている。9つの評価項目には，それぞれ2つずつ「評価の観点」が示され，具体的な評価の視点が明記されている。各項目の評価以外には，5段階の総合評定と，3行の「校長所見」欄が用意されている。なお，2017年10月に新カリキュラムが出された際には，「教育実習成績評価票（例）」も，カリキュラムの中での領域の変更や内容の改訂に伴って，評価項目に若干の変更が見られている。

ここで，2017年に出された「新カリキュラム」における「教育実習成績評価票（例）」（図6.4）と，本研究会の調査で明らかになったことを比較したい。

まず評価項目数では，東京都教育委員会が9項目，本調査では平均8.2項目

であったことから，概ね平均と同じくらいである。評価基準は5段階で，こちらも本調査では43件が該当した多いものであった。評価項目の内容では，先に共起ネットワークで見えてきた6つの内容と近い内容も盛り込まれている。

　これまで，教育実習の評価票は大学独自で作成しているため多様であることを述べてきたが，一方でそれは単位認定を行う権限を大学がもっているということを表すものでもあった。しかしながら，東京都教育委員会が示すような，統一のフォーマットが提示されたことは，従来大学がもっていた独自性への介入とみることもできる。カリキュラムの提示する内容や教育実習成績評価票（例）は，強制力のあるものとしては明記されていないものの，実質的にはカリキュラムに沿った内容が求められているし，統一の評価票を用いることが求められている。こうして考えると，果たして教育実習の評価は誰が主となって行うものであるのか。実習評価をリードしているのは誰なのか，と疑問に思わざるを得ない。

　次に，大学用評価票である「教育実習評価票（例）」（図6.5）を見てみよう。これは，実習生を送り出した大学への評価を行う評価票である。つまり，実習校が大学を評価する評価票が，行政によって用意されたのである。

　評価項目は4項目，評価の基準は5段階（5・4・3・2・1），それに校長所見が3行程度の形式である。評価項目は，「事前打ち合わせ」（大学／実習生）が2項目，「実習中の指導」（実習中／研究授業等）が2項目で，それぞれ2～3の評価の観点も明記されている。2010年のカリキュラムと，2017年の新カリキュラムでは，内容に大きな変更は見られていない。

　おおむねこれらの評価項目が見ようとしているのは，実習校から見て，大学が実習生の指導に積極的に関わってくれているか，きちんと指導してくれているか，という点である。それは，実習生を通して見えてくる部分だけでなく，教育実習期間中に，大学の指導教官が実習校を訪れ指導を行ったか，研究授業に参観し，適切な指導や助言をしたか，などの「大学の姿勢」を問うものであるともいえる。本章ではすでに，実習生が評価票の中で，実習にむかう「姿勢」

図6.4 東京都教育委員会「教育実習成績評価票（例）」(2017年版)

3 教育実習成績評価票（例）

平成　　年　　月　　日

フリガナ 実習生名		学部　　　　学科 　　　　　　専攻 学籍番号　（　　　　　　）

実習期間	出席すべき日数	出勤日数	欠席日数（理由）			遅刻・早退
平成　　年　　月　　日 から 平成　　年　　月　　日 まで	日	日	病　欠	日	（	遅刻　　回 早退　　回
			事故欠	日	（	
			その他	日	（	

1 評　定

各評価項目及び総合評定について、いずれかの評語を記入してください。

（評語）　　5（非常に優れた資質・能力を有している）　4（優れた資質・能力を有している）　3（資質・能力を有している）
　　　　　　2（資質・能力が不足している）　1（教員としての資質・能力がない）

	評　価　項　目		具体的な姿	評　定
【領域1】教員の在り方	（1）	使命感と豊かな人間性と教員として必要な教養	①児童・生徒一人一人の実態や状況を把握し、児童・生徒のよさや可能性を引き出し伸ばすために、児童・生徒と積極的に関わっている。 ②教師に求められる常識を身に付けている。	
	（2）	コミュニケーション能力と対人関係力	①管理職をはじめとする、教職員とコミュニケーションを積極的に図ることができる能力を身に付けている。 ②児童・生徒と適切な言葉遣いや話しやすい態度で接することができる。	
	（3）	学校組織の一員としての役割と服務の厳正	①学級担任の職務内容や校務分掌について理解し、管理職等に必要な報告、連絡等を適切に行うことができる。 ②法令を遵守する態度を身に付けている。	
【領域2】実践的な指導力	（4）	学習指導要領の理解と授業づくり	①学習指導要領の各教科等の目標や内容を踏まえて学習指導案を工夫している。 ②授業準備のための教材研究・教材解釈ができ、児童・生徒の実態に即した授業づくりを実践している。	
	（5）	単元指導計画の作成と指導方法・指導技術	①単元指導計画に基づき、実践する授業の指導目標とや指導内容、評価規準、指導観等を踏まえた学習指導案を作成することができる。 ②授業の場面において児童・生徒の実態と教科の特性に応じた指導方法や指導技術（発問、板書、説明等）を身に付けている。	
	（6）	児童・生徒の学習状況の把握と授業改善	①学習指導における評価の意義について理解し、授業中の児童・生徒の学習状況の把握や個別指導等を工夫することができる。 ②授業研究後に授業を振り返り、課題を整理し授業改善を進んで実践している。	
【領域3】教育課題	（7）	多様な教育課題の理解及び対応力	①多様な教育課題の現状を理解するとともに、児童・生徒や学校、社会が直面する課題への対応力を身に付けている。 ②通常の学級に在籍する、支援を要する児童・生徒へ積極的に関わり、指導している。	
【領域4】学級経営	（8）	学級経営と集団の把握・生活指導	①学級の規範づくりや教室の環境構成、清掃指導、給食指導等を積極的に行っている。 ②状況に応じて適時に的確な判断を行い、教師として毅然とした態度をとり、適切にほめたり、叱ったりすることができる。	
	（9）	児童・生徒理解と教育相談・保護者との連携	①カウンセリングマインドや教育相談の基本的な技法を踏まえて児童・生徒に接している。 ②保護者や地域住民等と連携して、学校の教育力を高めていることを理解している。	
			総　合　評　定	

2 校長所見

教育実習全体を通しての所見を具体的に記入してください。

（観点別又は総合で「2」以下の評定を行った場合には、必ずその理由を記入してください。）

学　校　名 校　長　名　　　　　　　　　　　　　　　　　印	指導教員名　　　　　　　　　　　　　　印

出典：東京都教育委員会

図 6.5 東京都教育委員会「教育実習評価票（例）」（2017 年版）

4 教育実習評価票（例）

平成　　　年　　　月　　　日

フリガナ 実習生名		学部　　　　学科　　　コース・専攻

※実習生1人につき、1枚作成してください。

1 連絡事項

各項目について、それぞれの観点に基づき、いずれかの評語を記入してください。

5（極めて適切である）　4（適切である）　3（特段の課題はない）　2（あまり適切ではない）　1（適切でない）

項　　目		観　　点	評語
教育実習事前打合せ	（1）大学との事前打合せ	①教育実習前までに大学で指導してきた内容が教育実習校に適切に伝えられている。 ②大学としての指導方針が実習校に適切に伝えられている。 　（実習前の打合せや実習中の大学教員の訪問等）	
		大学との事前打合せ実施日　　　　年　　　月　　　日	
	（2）実習生との事前打合せ	①実習生が教育実習の目的や計画等を十分に理解している。 ②実習校までの交通手段や勤務時間、実習に必要となる諸費用（給食費や教材費）等の手続きについて、実習生が理解している。	
		実習生との事前打合せ実施日　　　　年　　　月　　　日	
教育実習中の指導	（3）教育実習中の指導	①教育実習中の実習生（服務や学習指導、児童・生徒との関わり等）の状況を十分に把握している。 ②大学として、課題のある実習生への指導を適切に行っている。	
		大学の教育実習中の訪問指導実施日　　　　年　　　月　　　日	
	（4）研究授業等への指導	①学生が行う研究授業を参観している。 ②授業後、研究協議会に参加し、実習生の授業について指導・助言をしている。 ③実習生の授業について、校長や指導教員と情報交換を行い、成果と課題を把握している。	
		大学の教育実習中の研究授業参観日　　　　年　　　月　　　日	

2 校長所見

教育実習全体を通しての大学の関わり方についての所見を具体的に記入してください。

（「2」以下の評語を記入した場合には、必ずその理由を記入してください。）

教育実習校　　　　　　立　　　　　　　学校　　校　長　名　　　　　　　　　印	

出典：東京都教育委員会

や「熱意」が見られていることを明らかにしてきたが，実は大学に対しても同様に教育実習に対する「姿勢」が「評価」されているのである。

　最後に，本節のメインテーマである「力関係」について検討したい。東京都教育委員会の一連の施策動向を見る限りにおいては，「養成」を担う大学の位置づけというのは弱くなっているように感じられる。これは，携わる側からすればあまり良い印象はもたれないだろう。一方で，学校現場や行政の立場からすれば，教育実習に来る前の段階から，学生をきちんと育ててくるよう大学に要請せざるを得ない現状もある。大学から送り出す実習生の質を維持するために，細かなカリキュラムを提示し，統一した形式の実習評価票を示しているのである。大学が実習校から評価されるという，「教育実習評価票（仮）」の存在については，大いに疑問があるものの，それは裏を返せば，教育現場や教育行政から，大学での教員養成が信頼されていないことの表れであるともとれるだろう。力関係の変化に対して不満に思うにとどまらず，今後は教育現場の質変容を見据えた「養成」を行うこと，そうした変化も大学に求められていると考えられる。大学で育てた学生たちが，教育実習や教育現場でどのような振る舞いをし，どのように活躍するのかをイメージしながら，「養成」を行っていく必要があるだろう。

第4節　まとめと展望
―教育実習に求められることとは―

　以上のように，教育実習の評価をめぐっては，実習生，大学，実習校，行政，それぞれに課題を抱えている様子が見えてきた。力関係として見るならば，一見行政や実習校が優位にあるようにも見えるだろう。しかしながら，教育実習生を受け入れる側には，悲鳴をあげたくなるような現状があることも見えてきた。「教育実習公害」という言葉が出てくるように，教育実習生の受け入れ

が学校現場や受け入れ教員に過度な負担となっているという指摘もある。まして，教員の多忙化が深刻となっている昨今にあっては，実習生１人を受け入れることが，日常的な業務においてかなりの負担となるであろうことは，容易に想像がつく。教育実習生の質の維持・向上という観点からも，実習評価のあり方の再考が求められるだろう。

　これまで本書では，日本の教育実習生が，授業の指導力や生徒との関わり方といった教員に必要と考えられる基本的な能力のみならず，実習に向かう姿勢ともいえる，「態度」ひいては「身だしなみ」や「熱意」といった，直接的に実習内容とは関連しないと思われることも求められている様子が明らかにされてきた。こうした現状は，実習評価における評価項目にも反映されていることが，本章では見えてきた。たとえば，**表 6.3** の頻出語句３位であった「態度」をとってみても，また「態度」と関係する語句を**図 6.2** の共起ネットワークから確認しても，実習中における「勤務態度」「実習態度」「熱意」といった，実習に向かう「姿勢」が評価の対象となっているからである。こうしたことは，大学が教育実習生の事前指導にあたって，指導案の作成指導のみならず，基本的な身だしなみや服装にまで注意を払っている現状とも合致する。また，実習生のインタビューからも，実習先で理不尽ともとれる身だしなみの注意を受けた経験が語られるなど，「姿勢」というものが，実習生を見る担当教員たちのまなざしの中にも含まれていることが感じられる。ある意味「教員的なマインド」が，実習生にも求められているとみることができる。

　一方で，東京都教育委員会が「教育実習成績評価票（例）」などを策定したことからも見えるように，実習生が一定の水準に達していないことは，学校現場での負担が懸念されるものである。したがって，評価票に照らして十分な基準をクリアすることが求められるのは仕方がないことともいえる。明確かつ統一された基準の策定は，質の保証につながるものだからである。また，実習生が実習校の過度な負担とならないよう，大学は送り出す実習生の指導に力を入れなければならなくなってきている。実習生だけでなく，大学も「教育実習に向

かう姿勢」が「評価」されるようになってきているからである。

　ただ，基準が統一されるということは，紋切り型の実習生を育てることにもなりかねない。それは，紋切り型の教員を養成することにもつながる。現在のように，大学が独自の基準をもって実習生を評価し，それぞれの大学の特色ある教育をうけた学生が教員になることで，個性や多様性のある教員が養成されるという側面があることも忘れてはならない。

　最後に，教育における評価というものは，「評価をする側の振り返り」であることも添えておきたい。教育評価の意義とは，指導する側が自分の指導を振り返ることにある。教育実習における評価は，実習生の評価であると同時に，実習生の指導に関わるすべての者への評価である。実習への評価をとおして，指導に携わる者も自身の指導を振り返ることを忘れてはならない。

　同時に，「評価する側の力量」も問われているのだと自覚する必要があろう。適切な評価を行うためには，評価する側もまた「評価するに必要な力量」を有している必要がある。本来，評価をするという「役割」をもっていることは，力関係における優位さを示すものではない。

　教育実習の評価は，実習生の評価であると同時に，指導した者への評価であり，評価する側への評価なのである。

〔山口　晶子〕

注
　(1)　岩田康之・米沢崇・大和真希子・早坂めぐみ・山口晶子「規制緩和と「開放制」の構造変容―小学校教員養成を軸に―」日本教師教育学会編『日本教師教育学会年報』第 28 号，2019 年，pp.30-40.
　(2)　東京都教育委員会「小学校教諭教職課程カリキュラムについて」2010 年.
　(3)　東京都教育委員会「東京都教職課程カリキュラム」2017 年.
　(4)　東京都教育委員会「平成 22 年　第 16 回　東京都教育委員会定例会議事録」2010 年.
　(5)　東京都教育委員会「平成 23 年　第 3 回　東京都教育委員会定例会議事録」2011 年.

終章
教育実習の日本的構造
──これからを考える──

第1節　日本の教育実習と実習生—その現状—

　前章までに述べてきたような，教育実習に関わる一連の調査研究からみえて
きた日本の現状を，筆者なりに整理すると以下の3点になる。

1. 教育実習の運営体制

　主に第3章からみえたのは，日本の教育実習の運営における「大学任せ」の
状況と，その対応に苦慮する各大学の実情である。近年，実習校確保や，履修
要件の設定や，そのチェックの厳格化等に関しての各大学の取り組みの深刻さ
が増し，多くの大学では実習生の教職志望の強さなど主観的要素のチェックに
難儀するようになっている。これは第1章・第2章でみたように，日本の教育
実習に関して他の地域に比して中央政府による直接的なコントロールが働いて
おらず，客観性の高いガイドラインが設けられていないことの表れでもある。

2. 教育実習をめぐる力関係

　日本の大学の多くでは，教育委員会との連携によって実習校確保を行うこと
になる。これについては，21世紀に入って「母校実習」の回避が要請され，
一方で抑制策撤廃以降に特に小学校の教員養成の規模が増大した（第1章）こと
でその依存度合いが増している。いきおい，各大学は教育委員会に対して「お
願いをする」力関係のもと，「態度」「熱意」といった主観的要素について，教
育委員会サイドの要請を受ける形で実習指導を行う（第3章）こととなり，評価
に際しても各大学はそれぞれの見解をもちつつも，東京都の統一評価票のよう

に，行政主導の運営に従属せざるをえないことになる（第6章）。

3. 実習生の意識

その「しわ寄せ」は実習生に向かう。第4章における学生たちの語りや，第5章の分析からは，大学と実習校とのギャップや，実習現場での指導の揺らぎに違和感を覚えつつ，実習指導教員の意向を忖度して実習に臨む学生たちの意識がみえる。客観的で汎用性のある実習指導のガイドラインがないことが，実習生たちの萎縮を生み，逆にいえばハラスメントを誘発しかねないのである。

このような環境のもとで，教職意識が高い学生はメンタルヘルス面などでの不安を感じながらも教職に入り，「働き過ぎ」の再生産構造に組み込まれていくことになる。その一方で，教職意識に揺らぎのある学生にとっての教育実習はむしろ教職からのリタイアを促進する要因にもなり得るのである。こうした情況は，「教職に就く意欲が弱い者は就かなくて結構」と単純に切り捨てて済ますわけにはいかない構造的な背景をもっている。

この点で，第5章で試みた3つの分析に注意を払う必要があろう。実習生たちは実習指導体制を必ずしも肯定してはいない。特に東京とソウルにおいて学生の評価は低い〈分析1〉。ただし教職意識の高まりという点で東京の実習生たちはソウルほどの積極性はなく，ばらつきがみられる〈分析2〉。東京の実習生たちの意識に強く影響しているのは実習校の環境への適応やそこで得られた学びの実感といった要素であり〈分析3〉，有り体にいえば実習校との「相性」が実習生の意識に大きく作用しているとも捉えられるのである。

第2節　ソリューションの模索

1. ソリューションの考え方：制度改革の可能性

では，今後の日本の教育実習をどのように改善していけば，実習生たちの葛藤を減じ，専門性を高めた教師のリクルートメントにつなげていけるのか。

主に第1章において検討したように，日本の教育実習が政策課題として浮上し，対応策が講じられるプロセスには独特の文脈がある。大雑把にいえば，その時々の政治家から発せられるスローガンを，文部科学省が具体化させる段階で，既存の行政手続きと折り合わせる形での微調整に落ち着く。それゆえ政府による硬質で強い力をもつ改革は想定しにくい。現行の諸規定を前提に，微調整を行う程度でソリューションを考えていくことが，現実的であろう。

2．量的な絞り込み

　とはいえ，日本の教育実習の運営や，実際の指導や，そのもとでの実習生の意識における強い緊張感や葛藤といったネガティブな状況を生む根源に，他地域と比べての実習の量的な過剰があることは否定しがたい。何らかの形での量的な絞り込みを行うことは，今後のソリューションを考える前提になる。

　ただし，その量的な絞り込みに際して，中国（本土）や香港・台湾のような，中央政府による直接的なコントロールは日本では現実味を欠く。ありうるとすれば，韓国の「開放制」的中等教員養成のように，政府が一定の量的ガイドラインを示し，そのもとでそれぞれに実習生を選考する，という方法であろう。

　あるいは，3.に述べる「定式化」と合わせて，実習コンテンツの絞り込みを検討するのも一案であろう。折しも2020年度の教育実習はCOVID-19の影響により，文部科学省では実習期間の半減（5月1日）→免除（8月11日）を認める特例扱いをすることとなった。このことの影響は中長期的に見据えていく必要があるが，これを機に「学部段階の実習で最低限必要なことは何か」の合意形成が導かれ，実習コンテンツの絞り込みに向かうことを期待したい。

　大胆に考えれば，全員が行う学部段階の実習は観察だけにとどめ，その後に教員採用試験合格（教職への就職内定）などを要件として授業実習を課す[1]，教育実習は授業中心とし，それ以外のコンテンツは他の科目に委ねる，場合によっては教職大学院段階での長期の研究実習に委ねるなど，学部の教職科目としての「教育実習」とそれ以外の部分との連携も考えられてよい。

3. 客観的指標の共有・実習の定式化

　実習の量的抑制を図る際に，教職志望の強さなどの主観的な要素に頼ること
は避けて明確なルールに基づくことが望ましい。教職志望の強さは教師として
の専門性に直結するものではないし，これを強調することで実習生の負担も増
す。さらにいえば大学教育によってその伸長を図ることにも限界がある。だと
すれば，第2章にみた首都師範大学のように，授業実習についての明確なルー
ル化（時間数，指導案の数など）を中心にして実習コンテンツの定式化を図り，
授業づくりの基礎となる教科学力や指導法への習熟を身につけさせることを核
に置く（実習の絞り込みも，実習指導も，実習評価もこれを基軸に構築する）ことが
さしあたりの合理的なソリューションになりうるのではないか。

　確かに，昨今の学校には多種多様な教育課題があり，現場からしてみれば実
習生にも授業以外の諸課題への対処をある程度身につけてほしいという要請が
あるのはもっともなことである。しかしながら，それらの教育課題は個別性を
もつがゆえに，すべてを実習でカバーすることは不可能である。むしろ，実習
における共通事項としては授業を中心とし，他の課題については入職後にオン・
ザ・ジョブで対処を学んでいく（そのコンピテンシーを大学で育む），という共通
理解に立って今後の教育実習を構想していくのが現実的ではなかろうか。

　そうした共通理解のもとに，大学や実習校で実習指導を行う教員たちに対し
ては，香港や韓国などの取り組みを参考にしつつ，一定の研修と，実際の担当
者へのインセンティブが考えられてよい。人事行政にも関わることであるが，
実習指導が実習校の「ボランティア」に依存し，時に非正規雇用の教員が実習
指導を担当するというような状況は好ましいものではない。

4. 力関係の是正へ：「地域教師教育機構」の実質化

　このように，実習校における責任ある実習指導体制を構築するためには，人
事行政に関わる都道府県・政令指定都市レベルの教育委員会と，その地域で教
員養成を行う大学との合意に基づく連携が必須となる。

第6章でみたように，いくつかの地域では教育実習における共通の評価票が設けられている。ただし，東京都のように大学の数が多く，実習の取り組みにばらつきがある地域においては，どうしても教育委員会が主導する形になりがちで，共通理解の醸成が難しいのが実情である。

　この点で改めて注目されるのが，1970年代における京都地区大学教職課程協議会（京教協）の組織化と，1973年以降これに京都市教育委員会と教職員組合が加わった三者協議会，さらに1976年から校長会を加えた四者協議会[2]が，教育実習に関して「四者対等の立場で一致点の協力・共同にもとづいてすすめる」[3]という申し合わせのもとに発足したことの意義である（その後に京都府教育委員会も加わる）。もともとこの四者協議会は，実習校で指導にあたる教員たちによる，現場の意見を大学に伝えるルートをもたないことへの問題提起が発端となっている。大学と現場との連携は単に教育委員会との組織的なものに止まらず，実習の指導教員個々につながることが望ましい。

　こうした形での共通理解に基づき，各地域での実習校の割り振り，量的なガイドライン，質的なコンテンツの厳選，評価観点や方法の共有，さらには実習指導者の研修などがなされることの延長線上に，「地域教師教育機構」的組織による教育実習の共同開設・運営といったプランも考えられてよい。2009年度に改められた課程認定基準では，複数大学で授業科目を分担して開設する，いわゆる共同教育課程が可能になっており，一考に値すると思われる。

第3節　さらなる研究に向けて―尽くせぬ論点―

　本研究で解き明かせなかったことは多々ある。

　まず，比較研究という手法を採ったがゆえに，「日本的構造」の解明を試みながら，真に「日本独自の部分」に踏み込めなかったことがある。たとえば，日本では短期大学レベルの教員養成が相当に行われているが，これはグローバル・スタンダードからは外れている。短期大学での教員養成は学識よりも「態

度」「熱意」等が求められることによる実習生のプレッシャーはより強いと見込まれるが，今回は踏み込めなかった。また，養護教諭や栄養教諭といった，日本独自の位置づけをもつ教育職養成における実習の解析にも着手できなかった。

　加えて，第5章の意識調査のように，大都市圏の一部に傾斜した研究にならざるをえず，「国際」比較としてのネーションワイドな視点も欠けている。日本でも中国でも韓国でも，都市部とそれ以外の地域には教育をめぐる状況に大きな差があり，地域差を踏まえた研究が今後に求められよう。

　さらには，単に教育の課題を超えての解析が必要と思われる課題も少なからず存する。たとえば本書の随所で語られる実習生の服装のありようについて，「明確なドレスコードが示されていないにもかかわらず，みな一様に無難な色合いやデザインのスーツを着用する」という場面は，大学生の入学式や就職活動，あるいは小学校入試の保護者面接など，日本では広く見られる。これは教育固有のものではなく，日本社会のありよう全体を検討する中で巨視的に解析されるべき課題であるともいえる。

　あるいは，ジェンダーの視点からの解析も今回は十分になしえていない。第5章のデータにみるように，東アジア諸地域にける教師の女性職化は，日本より進行しており，教育系大学のジェンダーバランスも女性に傾いている。そうした中での日本の教員社会におけるジェンダーバランスと，実習生の意識との関係，その性差，といったことについても，他日の解明が待たれる。

〔岩田　康之〕

注
(1) このアイデアについて，筆者は参議院文教科学委員会（第166国会，2007年5月31日）における参考人として述べたことがある。以下議事録参照。
https://kokkai.ndl.go.jp/simple/detailPDF?minId=116615104X01620070531&page=1（最終閲覧：2021年1月10日）
(2) 京都地区大学教職課程協議会「四者協議会のあゆみ」1982年5月，pp.1-3.
(3) 鈴木慎一「日本における地域教師教育機構の可能性—協議会活動の経験から—」日本教育学会『教育学研究』第54巻第三号，1987年9月，pp.43-53.

参考文献

単行本

今津孝次郎『変動社会の教師教育』名古屋大学出版会，2017 年.

岩田康之・三石初雄編『現代の教育改革と教師―これからの教師教育研究のために―』東京学芸大学出版会，2011 年.

　　―大和真希子「教師教育における「実践」概念の再考」，pp.64-78.

　　―中村聡「国際的視野で見た教師教育」，pp.167-182.

岩田康之・三石初雄編『教員養成における「実践的」プログラム　中国の知見に学ぶ』東京学芸大学出版会，2019 年.

小方直幸・村澤昌崇・高旗浩志・渡邊隆信『大学教育の組織的実践―小学校教員養成を事例に―』(高等教育研究叢書 129) 広島大学高等教育研究開発センター，2015 年.

須藤康介・古市憲寿・本田由紀『朝日おとなの学びなおし！文系でもわかる統計分析』朝日新聞出版，2012 年.

高野和子・岩田康之編『教育実習 (教師教育テキストシリーズ 15)』学文社，2010 年.

　　―岩田康之「教育実習とは何か」，pp.67-80.

TEES 研究会編『『大学における教員養成』の歴史的研究―戦後「教育学部」史研究―』学文社，2001 年.

　　―西山薫「1950 年代から 1960 年代の政策動向」，pp.273-293.

　　―大谷奨「1954 年教育職員免許法改正前後における中等教員養成の展開」，pp.329-365.

日本教師教育学会『教師教育研究ハンドブック』学文社，2017 年.

　　―望月耕太「教育実習と学校参加体験」，pp.242-245.

　　―原清治「教育実習の改革」，pp.346-349.

浜田博文『学校を変える新しい力　教師のエンパワメントとスクールリーダーシップ』小学館，2012 年.

東アジア教員養成国際共同研究プロジェクト編『「東アジア的教師」の今』東京学芸大学出版会，2015 年.

　　―岩田康之「東アジアの大学における教員養成の質保証―論点と課題―」pp.30-43.

樋口耕一『社会調査のための計量テキスト分析―内容分析の継承と発展を目指して―』ナカニシヤ出版，2014 年.

藤枝静正『教育実習学の基礎理論研究』風間書房，2001 年.

紀要論文・雑誌論文等

岩田康之「教員養成課程の規模に関する考察」『東京学芸大学教員養成カリキュラム開発研究センター研究年報』Vol.7，2006 年 3 月，pp.51-60.

岩田康之「新自由主義的教員養成改革と『開放制』」，弘前大学教育学部附属教員養成学研究開発センター『教員養成学研究』第 3 号，2007 年 3 月，pp.1-10.

岩田康之「教員養成改革の日本的構造―「開放制」原則下の質的向上策を考える―」日本教育学会『教育学研究』第 80 巻第 4 号，2013 年 12 月，pp.14-25.

岩田康之「日本的の教師のハードワークはどこから来るか―教員養成の現場から考える―」『日本教育行政学会年報』43 号，2017 年 10 月，pp153-156.

岩田康之「日本の「教育学部」：1980 年代以降の動向―政策圧力と大学の主体性をめぐって―」
　　『日本教師教育学会年報』第 27 号，学事出版，2018 年 9 月，pp.8-17.
岩田康之・大和真希子・山口晶子・早坂めぐみ「「開放制」原則下の実践的教師教育プログラ
　　ムの運営に関する研究(2)―実習指導体制と実習生の意識に着目して―」『東京学芸大学教
　　員養成カリキュラム開発研究センター研究年報』Vol.15，2016 年 3 月，pp.37-40.
岩田康之・大和真希子・山口晶子・早坂めぐみ「「開放制」原則下の実践的教師教育プログラ
　　ムの運営に関する研究(3)―運営組織と実習校の配置をめぐる諸課題―」『東京学芸大学教
　　員養成カリキュラム開発研究センター研究年報』Vol.16，2017 年 3 月，pp.23-34.
岩田康之・米沢崇・大和真希子・早坂めぐみ・山口晶子「規制緩和と「開放制」の構造変容―
　　小学校教員養成を軸に―」日本教師教育学会編『日本教師教育学会年報』第 28 号，学事出
　　版，2019 年 9 月，pp.30-40.
木内剛「近年の課程認定政策と大学の自主性・自律性」『日本教師教育学会年報』第 22 号，学
　　事出版，2013 年 9 月，pp.32-39.
坂井俊樹・三石初雄・岩田康之「教員養成における〈体験〉―〈省察〉的プログラムの動向と
　　課題―日本及びアジア諸国の事例に関する考察―」『日本教育大学協会研究年報』第 25 号，
　　2007 年 3 月，pp.243-253.
鈴木慎一「日本における地域教師教育機構の可能性―協議会活動の経験から―」日本教育学会
　　『教育学研究』第 54 巻第 3 号，1987 年 9 月，pp.43-53.
西尾美紀・安達智子「教職志望大学生の教師効力感変化に影響を及ぼす要因の検討―教育実習
　　中の体験内容に着目して―」『大阪教育大学紀要』2015 年，pp.1-10.
春原淑雄「教育実習体験が教育学部生の教師効力感に与える影響」『学校教育学研究論集』
　　17，2008 年，pp.17-26.
山﨑博敏「21 世紀初頭における学校教員の供給構造の変化―国立と私立の需要変化への対
　　応―」『広島大学大学院教育学研究科紀要』第三部第 62 号，2013 年，pp.11-20.
米沢崇「我が国における教育実習研究の課題と展望」『広島大学大学院教育学研究科紀要』第
　　一部第 57 号，2008 年，pp.51-58.

研究報告書・行政文書類
岩田康之(研究代表)「東アジア 4 都市・教育実習生意識調査(2017 年度実施調査・データ集)」
　　科学研究費助成事業(学術研究助成基金　基盤研究 C)2018 年 3 月.
東京都教育委員会「小学校教諭教職課程カリキュラムについて」2010 年．https://www.kyoiku.
　　metro.tokyo.lg.jp/staff/recruit/guide/files/handbook2020/curriculum.pdf(最終閲覧：2021
　　年 1 月 3 日).
東京都教育委員会「平成 22 年　第 16 回　東京都教育委員会定例会議事録」.
東京都教育委員会「平成 23 年　第 3 回　東京都教育委員会定例会議事録」.
東京都教育委員会「東京都教職課程カリキュラム」2017 年　https://www.kyoiku.metro.tokyo.
　　lg.jp/staff/personnel/training/teacher-training-course_curriculum.html(最終閲覧：2021
　　年 1 月 3 日).

あとがき

本書のむすびに，まず共著者たちを私から紹介しておきたい。

大和真希子さんに初めてお会いしたのは2000年の秋口，「国立の教員養成系大学・学部の在り方に関する懇談会」に関わる下調べ的な作業部会でのことと記憶している。当時山梨大学学長であった椎貝博美委員を通じてこの部会の予算が下りていたことから，大学院生の大和さんがお手伝いすることとなり，そこに私が旧知の木岡一明委員（現・名城大学教授）に声をかけられて参加することになった次第である。その後私が日本教師教育学会の事務局長になり，また日本教育大学協会等で各種の研究プロジェクトを仕切る機会も増えたが，その折々に助けてもらうことになった。なかでも「教育実践」の概念に関する彼女の強いこだわりから，私が得た研究的な刺激は大きい。

日本教師教育学会が2006年に山梨大学で大会を開いた折に大和さんを含む若手研究者たちと甲府で呑んでいて居合わせたのが山口晶子さん（千葉大学大学院研究生，のち上智大学大学院）である。当時私は日本教師教育学会が主催する東アジア教師教育研究国際シンポジウム（2008年3月，於・法政大学）のオーガナイザーを務めており，大和さんと山口さんには企画段階からお世話になった。サブカル等の若者文化から教育を捉える山口さんの視点は，「イマドキの若者」が教師になるプロセスを考える参考になっている。

早坂めぐみさんは2007年に東京学芸大学大学院に入り，私の授業を選択したことが縁でその国際シンポジウムの準備や受付・案内などの手伝いに動員された一人である。その後教員養成カリキュラム開発研究センター（2019年廃止）の技術補佐員（RA）としても力を発揮してくれた。経済学部出身の彼女が市場原理を見据えつつ，データを積み重ねて教育学の諸課題を解析する手法にチャレンジする研究姿勢から私が得た示唆は多い。

大和さん（2007-08年度）・早坂さん（2013-17年度）・山口さん（2018-19年度）には，いずれも東京学芸大学の時限付プロジェクトで専門研究員（特命助教）を

務めていただいた。若手研究者のキャリア形成の不安定な状況を，研究仲間としてのみならず中間管理職としても間近で見ながら，やるせない思いにとらわれることも多々あった。こうした状況が実習生たちの揺らぎや迷いに寄り添うスタンスを作っているかと思うと複雑な気分である。

　金㦤雅（キム・ミンア）さんはソウルの小学校教員だった 2010 年に韓国政府国費奨学生として派遣され，同年 10 月から東京学芸大学大学院で「初等初任教師研修の韓日比較」の研究に着手した。彼女とはインターネット面接で入試を行い，また東日本大震災の後に一時帰国された折にはリモートの研究指導を行うことにもなった，岩田ゼミの中でも特に印象深い優等生である。修士修了後はソウルの小学校勤務に戻るとともに延世大学校で博士学位を取得し，アクション・リサーチャーとして歩みつつある。韓日英 3 カ国語を自在に操る彼女から，今回の研究で得たサポートは多大なるものがある。

　本書を編みながら藤枝静正先生（2015 年 5 月ご逝去）の学恩の深さを改めて想った。日本教師教育学会の創設（1991 年）直後に課題研究でご一緒して以来，若輩研究者だった私は，先生にずいぶんと研究面で引っ張り上げていただいた。その後埼玉大学の非常勤講師も務めた（1997-2010 年度）が，出講の折に藤枝研究室でいただいた『教育実習学の基礎理論研究』が今もこの分野の第一線の研究書としての輝きを喪わない偉大さを再確認した。先生と私の年齢差は私と金さん（共著者の中で最年少）のそれとほぼ等しく，私なりに「研究の世代間継承をしましたよ」と天国の先生にご報告申し上げたい気分でもある。

　学文社の落合絵理さんには，いつもにも増してスケジュールが乱れる中，辛抱強く本書の仕上がりにご相伴いただいた。彼女のサポートに深く感謝するとともに，教師のみならず広く教育研究を支える人材を輩出している東京学芸大学の今後にも希望を見出し，もうしばらく研究を続けていきたいと思う。

　2021 年 1 月 4 日　仕事始めの研究室にて

編者　岩田　康之

索　引

【執筆者】（執筆順）

岩田康之 IWATA Yasuyuki（編者）〔序章・第1章・第2章・第5章・終章〕
　東京学芸大学教授（教員養成史）

金慜雅 KIM Minah〔第2章・第5章〕
　延世大学校教育研究所専門研究員（教育行政学）

早坂めぐみ HAYASAKA Megumi〔第3章・第5章〕
　秋草学園短期大学専任講師（教育社会学）

大和真希子 YAMATO Makiko〔第4章〕
　福井大学准教授（教育経営学）

山口晶子 YAMAGUCHI Akiko〔第6章〕
　明治学院大学非常勤講師（教育社会学）

教育実習の日本的構造—東アジア諸地域との比較から—

2021年2月28日　第1版第1刷発行

編者　岩　田　康　之

発行者　田　中　千津子　〒153-0064　東京都目黒区下目黒3-6-1
　　　　　　　　　　　　　電話　03（3715）1501（代）
発行所　株式会社 **学 文 社**　FAX　03（3715）2012
　　　　　　　　　　　　　https://www.gakubunsha.com

ISBN978-4-7620-3069-7